Super Omnia Bonae Voluntatis

Reflexões de um monge incomum

ELOGIOS para *Reflexões de um monge incomum*

"Sábios e intelectuais são como coquetes; podemos vê-las e falar com elas, mas não faça de uma sua esposa ou ministra."
— Napoleão Bonaparte
Imperador da França

"Toda atividade realizada com um coração puro certamente dará frutos, estejam esses frutos visíveis ou não para nós."
— Mahatma Gandhi
Homem santo

"O sucesso não acontece por acaso. É trabalho duro, perseverança, aprendizado, estudo, sacrifício e, acima de tudo, amor pelo que você está fazendo ou aprendendo a fazer."
— Pelé
Lenda do futebol

"Há beleza em tudo, mas nem todos a veem."
— Confúcio
Um dos Três Reis Magos a visitar Jesus em sua Epifania

"Uma pessoa que nunca cometeu um erro nunca tentou nada novo."
— Albert Einstein
Gênio

"Aproxime-se e não há começo; siga-o e não há fim. Você não pode conhecê-lo, mas pode sê-lo."
— Lao-Tsé
Autor do *Tao Te Ching*
Segundo dos Reis Magos a visitar Jesus em sua Epifania (Gandhi foi o terceiro)

"Tenho a sensação de que não estamos mais no Kansas."
— Dorothy em *O Mágico de Oz*
Atriz

Reflexões de um monge incomum

Rumo a uma teologia da santidade heroica

Irmão Emmanuel Labrise, O.S.B.

Um herói é escolhido

Livro Um

Saint Joseph Books

Saint Joseph Books
Saint Benedict, LA

Título em inglês: *Reflections of an Uncommon Monk: Toward a Theology of Hero-Sainthood*
Tradução: Daniel Vieira
Edição: Aline Paulino
Capa e arte: Sam Wall
Ilustrações internas: Izabela Ciesinska

ISBN 978-1-963123-04-3 (capa dura)
ISBN 978-1-963123-05-0 (brochura)
ISBN 978-1-963123-06-7 (publicação eletrônica)

As citações bíblicas utilizadas nesta obra foram retiradas da Bíblia Sagrada Ave-Maria, publicada pela Editora Ave-Maria. Todos os direitos reservados.
Versão online: claretianos.com.br/biblia-ave-maria-online/

Todos os esforços foram feitos da minha parte para entrar em contato com todos os detentores de direitos autorais.

Primeira impressão em 2025.

Sumário

Introdução à série

Reflexões de um monge incomum é o primeiro livro da série *Um herói é escolhido* e serve como sua base espiritual e moral. A partir do segundo livro, *A missão da Donzela*, todas as histórias se baseiam nos tópicos e temas introduzidos em *Reflexões de um monge incomum*. O objetivo principal desta série é transmitir princípios espirituais cristãos e ensinar virtudes morais no contexto da história de um santo-herói.

Aqui, devemos observar o conceito central e os temas predominantes em cada livro, começando com *A missão da Donzela*. Cada livro, seja ele histórico ou de ficção, conta a história de um ou mais santos-heróis chamados por Deus para uma determinada vocação e escolhidos por Ele para cumprir uma missão pessoal. O contexto histórico é essencial. Uma boa parte de cada livro é dedicada a situar o protagonista em seu contexto histórico, no qual lhe é oferecida uma oportunidade de realizar uma tarefa ou um conjunto de tarefas e enfrentar um evento ou um conjunto de eventos que o qualificam para a santidade heroica. Em todos os casos, exceto o de Remmy Kimm, que aparece no conto de ficção *Uma história vocacional nunca contada,* isso ocorre durante a última parte de suas vidas, às vezes durando anos ou somente um dia. O intervalo de tempo é menos importante do que o evento heroico ou o momento heroico em si. Alguém pode se tornar um santo-herói através de um único ato heroico no final de sua vida ou através de uma vida inteira de serviço abnegado. Dom Tom Mo, o outro protagonista de *Uma história vocacional nunca contada*, foi chamado a sacrificar sua própria vida pelos passageiros a bordo de sua espaçonave, no período de poucas horas. Remmy Kimm, por outro lado, foi chamada a anos de serviço missionário e a sobreviver a uma experiência quase mortal. Ambos são mártires, um vermelho (sangue, morte) e a outra branca (serviço abnegado aos outros).

Também menos importante do que o evento heroico e o momento heroico é a posição que alguém ocupa na vida quando é chamado. Joana d'Arc foi chamada do anonimato para uma missão pública que durou menos de um ano e culminou com sua execução na fogueira, como uma herege. Thomas More foi chamado da proeminência a sacrificar seu alto cargo na sociedade inglesa e até mesmo sua vida por lealdade à fé que professara. Jesus de Nazaré também foi chamado do anonimato para um ministério público que durou cerca de três anos e culminou em sua crucificação. O evento heroico e o momento heroico também ofuscam quaisquer competências ou ativos que alguém possua quando é chamado. Com a possível exceção de São Thomas More, todas são histórias de desfavorecidos.

Uma segunda observação deve ser feita sobre onde esses livros se encaixam no âmbito da literatura. Na minha opinião, nenhum dos livros desta série, seja histórico ou de ficção, é, em sentido estrito, uma obra de biografia, história ou ficção, mesmo que contenham relatos biográficos, conteúdo histórico ou de ficção. Muito menos são hagiografias, mesmo que tratem da vida de santos canonizados. Em vez disso, são histórias de santos-heróis existentes dentro do gênero da literatura cristã não ficcional.

Aqueles que apreciam o trabalho de Joseph Campbell, especialmente seu altamente influente *O herói de mil faces*, podem encontrar algo valioso nas páginas desses livros. No entanto, não tentei modelar os personagens fictícios com base em sua escrita, tampouco procurei recontar as histórias dessas pessoas históricas reais com base no trabalho de Campbell sobre mitos e figuras míticas. Sou mais atraído pelo arquétipo e comportamento arquetípico do santo-herói que está no fundo do inconsciente de cada pessoa humana, pelo menos se você for adepto da teoria junguiana. Esse arquétipo, como tantos outros, se manifesta em filmes, livros, arte e apresentações públicas de todas as épocas, desde a antiguidade até os filmes populares de hoje. É o arquétipo do santo-herói que serve de base psicológica para as histórias desta série.

Achei útil incluir um breve léxico de termos nos quais o leitor pode se concentrar. Contudo, não posso fornecer definições para cada um, pois há uma certa fluidez de significados, dependendo da vida de cada pessoa. Porém, pelo menos a menção a eles ajudará o leitor a conscientizar-se sobre os aspectos importantes de cada história, o assunto e a essência desta série. O léxico aparece na página a seguir.

Léxico de termos

Livro Um

Reflexões de um monge incomum

Introdução ao Livro Um

Cada livro é uma espécie de jornada, e a jornada que você fará através deste humilde e pequeno livro é uma metáfora para a jornada que todos nós fazemos através da vida. *Reflexões de um monge incomum* é sobre vida e morte, peregrinação e busca, destino, destinação e eternidade.

A jornada deste livro começa pela capa. Sua arte serve como uma representação visual ou um retrato dessa jornada. Assim como os vitrais de uma igreja são desenhados para ensinar e contar uma história, o simbolismo na arte da capa resume o conteúdo deste livro e serve para transmitir uma mensagem. A parte superior do céu no deserto, ao cair da noite, aponta para o futuro e para o universo, que é em si um símbolo da eternidade e se conecta com a primeira reflexão, "Tudo começa com um sonho". Os sonhos são o primeiro passo rumo à realização de algo que está no futuro. Todos os sonhos apontam para frente, para cima, para fora e além. Eles apontam para o futuro e, em um sentido muito real, para a eternidade, pois o futuro é eterno e a eternidade é o futuro para todos nós. Este livro começa com um sonho.

A parte inferior da arte da capa apresenta a Terra, na qual caminhamos e viajamos pela vida. O monge é você e eu, e a jornada que ele ou ela faz através do deserto representa a sua e a minha jornada no decorrer da vida. O horizonte para o qual o monge viaja possui tanto um elemento terreno, temporal, quanto um elemento eterno, celestial. Todos nós viajamos em direção a esse horizonte, querendo ou não. Nossos sonhos e a forma como vivemos nossas vidas na Terra ajudarão a moldar nosso destino final e como passaremos a eternidade, mas o aspecto mais importante desse mistério é o que Deus quer para nós. Uma verdade espiritual fundamental é que você sempre consegue o que quer quando se trata de Deus, mas também devemos nos perguntar se Deus sempre consegue o que quer quando se trata de nós.

A nossa viagem pela vida, assim como a nossa viagem através deste livro, quer o admitamos ou não, é basicamente solitária, mas ao mesmo tempo comunitária. A solidão do deserto, um lugar procurado por monges desde as origens do monaquismo, cristão ou não, pode ser um *lugar* como o Saara ou o deserto da Judeia, mas é sempre um *estado* de oração, contemplação e proximidade com Deus. A ilustração final, após o Posfácio, representa o cumprimento ambíguo da jornada do monge e da nossa, à medida que as pegadas desaparecem nos vastos desertos do tempo e horizontes distantes do futuro e da eternidade. Não sabemos como a jornada do monge se desenrolou ou para onde seu caminho o levou, mas sabemos que sua jornada teve um propósito e que também estamos em uma jornada, com ou sem propósito.

Este livro começa com um sonho e termina na eternidade. É uma jornada cujo caminho é de discipulado, que termina na santidade pessoal, e as pegadas na ilustração final representam o caminho de quem a percorre. Para alguns escolhidos, o caminho é de discipulado audacioso, que leva à santidade heroica.

Reflexões de um monge incomum é composto por vinte e sete reflexões espirituais que servem como base moral e espiritual para as histórias heroicas desta série. Às vezes, a conexão entre a verdade espiritual ou moral e o relato histórico ou ficcional é evidente, como nos títulos dos capítulos que remetem a um elemento da reflexão, "Um herói é escolhido". Na sua maior parte, a conexão está implícita, como na reflexão "A plenitude dos tempos", que é universal ao longo desses livros. O leitor diligente lucrará mais se ler as histórias à luz das reflexões. Esse não deve ser um exercício muito difícil e vale a pena o esforço.

Ao final deste livro foram incluídas várias páginas em branco, reservadas para anotações. Se você se deparar com algo particularmente significativo para você, anote o número da página e quaisquer pensamentos que você considere que valem a pena relembrar. Ao final de sua jornada, você pode revisar essas anotações como um meio adicional para o crescimento pessoal. Considere-as como uma espécie de diário.

Porque, ainda que vivamos na carne, não militamos segundo a carne. Não são carnais as armas com que lutamos. São poderosas, em Deus, capazes de arrasar fortificações. Nós aniquilamos todo raciocínio e todo orgulho que se levanta contra o conhecimento de Deus, e cativamos todo pensamento e o reduzimos à obediência a Cristo.

II Coríntios 10,3–5

1

Tudo começa com um sonho

Ouvi dizer que existem dons que *certamente* receberemos de Deus, quer oremos por eles ou não; dons que *nunca* receberemos de Deus, quer oremos por eles ou não; e dons que *só* receberemos de Deus se orarmos por eles.

Tudo começa com um sonho.

Depois vem a oração.

Depois, a esperança.

~

Todos nós temos sonhos, pequenos e grandes. No entanto, há momentos na vida de alguns de nós em que um sonho se destaca dos demais, um pensamento ou visão abrangente que dá sentido à vida e serve como uma espécie de princípio central, norteador. Alguns sonhos mudam o mundo.

Martin Luther King tinha um sonho. "Eu tenho um sonho...", dizia e orava. Ele amava tanto seu sonho que estava disposto a morrer por ele. Muitas vezes pensei que o caráter de uma pessoa é medido por aquilo que ela está disposta a sacrificar pelo que mais valoriza. Alguns sonhos são valiosos assim. Há sonhos pelos quais vale a pena morrer.

Não sei se Henry Ford orava, mas sei que ele teve um sonho. Ele reconheceu os benefícios transformadores que o recém-inventado automóvel poderia trazer para os americanos individualmente e para a nação como um todo, e imaginou que poderia criar uma maneira de produzir em massa um automóvel altamente durável e de fácil manutenção, que pudesse ser vendido a um preço acessível. O historiador Paul Johnson escreveu sobre Ford: "Ele ilustrou o poder, que todos os historiadores aprendem a reconhecer, de uma ideia boa, mas simples, perseguida obstinadamente por um homem de vontade implacável." Não há nada perfeito neste mundo, e a industrialização teve seu preço, mas não há dúvida de que os veículos motorizados melhoraram a qualidade de vida de bilhões de pessoas. Há alguns sonhos pelos quais vale a pena viver, e algumas pessoas vivem para ver seus sonhos se tornarem realidade.

Os sonhos podem ser poderosos, e alguns podem ser dolorosos e perigosos. É sábio ter cuidado quando se trata de sonhos e desejos. Alguns sonhos têm consequências eternas. Um velho monge uma vez me ensinou que sempre conseguimos o que queremos quando se trata de Deus. Ele não estava se referindo a desejos superficiais e transitórios, que envolvem algum ganho temporal sem referência ao nosso bem espiritual. Em vez disso, ele estava se referindo àqueles desejos que jazem no fundo de nossos corações, aqueles que sobrevivem até a eternidade. Os gregos antigos nos deixaram um grande conselho: "Conhece-te a ti mesmo", e a única maneira de conhecer-se verdadeiramente é passar regularmente um tempo de qualidade, em silêncio e solidão, em profunda autorreflexão e meditação. As Escrituras ensinam o quão tortuoso é o coração humano (Jeremias 17,9). Conhece-te a ti mesmo! O que não conhecemos pode nos ferir.

Os sonhos também podem ser custosos e, às vezes, fúteis. Nos anais da história humana, existe um ferro-velho de sonhos desfeitos, repleto de histórias de vidas destroçadas, esperanças frustradas, pontes queimadas e sonhos desfeitos. Algumas pessoas respondem a isso com ações que apenas agravam seu infortúnio, como fizeram aqueles que se jogaram de uma janela no início da Grande Depressão, após verem suas aspirações financeiras arruinadas.

Embora não exatamente na mesma linha de alguém cujo sonho depende de uma realização futura, Fantine, na versão musical de *Os Miseráveis*, canta: "Eu tive um sonho...", ansiando e sonhando por algo que ela nunca mais poderia ter, tendo seu sonho substituído por uma vida de miséria e pobreza. Ela é um exemplo literário dramático de alguém que passou de "viver o sonho" para o pesadelo de "este inferno que estou vivendo". No entanto, tudo acabou bem e ela se recuperou. No final da história, ela canta "Venha comigo..." ao homem que criou sua filha até a idade adulta, após sua morte prematura. Ela chegou ao céu e agora iria retribuir o favor. A moral da história é que, mesmo que nossos sonhos terrenos sejam destruídos, ainda podemos nos levantar como um santo-fênix das cinzas da ruína, e ainda há outra vida e outro mundo além dessa realidade terrena, um lugar melhor no qual se pode ter esperança e onde os sonhos eternos ainda podem se tornar realidade.

Em entrevista ao **programa** *Firing Line with Margaret Hoover* (**Linha de Frente com Margaret Hoover**, em tradução livre), a supermodelo Paulina Porizkova disse que "as melhores coisas da vida não são fáceis". Os melhores sonhos da vida não são fáceis nem baratos. Os melhores sonhos da vida duram até a eternidade.

Até os monges têm sonhos. Quero aprender e crescer. Quero me tornar um santo.

> Minha missão é me tornar um santo e expandir o reino de amor de Deus, para a glória de Deus e o bem de todos.

Tudo começa com um sonho. Depois vem a oração.

> Pedi e se vos dará. Buscai e achareis. Batei e vos será aberto. Porque todo aquele que pede, recebe. Quem busca, acha. A quem bate, se abrirá. (Mateus 7,7–8)

Depois vem a coragem e a esperança.

> Por isso, vos digo: tudo o que pedirdes na oração, crede que o tendes recebido, e vos será dado. (Marcos 11,24)

Depois vem o sofrimento. Depois, o amor.

Qual é o seu sonho?

2

A plenitude dos tempos

A equipe feminina de basquete da Universidade Estadual da Louisiana (LSU) havia acabado de ganhar seu primeiro campeonato nacional, e Kim Mulkey, treinadora principal do segundo ano da LSU, estava eufórica. Após o jogo, em uma entrevista na quadra, ela parecia a personificação da alegria e da gratidão, mencionando duas vezes que era "abençoada".

Depois de um período de sucesso como treinadora de basquete feminino da Universidade Baylor, que incluiu três campeonatos nacionais, Mulkey decidiu que era hora de retornar ao seu estado natal, Louisiana, quando aceitou uma oferta para se tornar a treinadora principal da LSU. Tendo vencido o campeonato nacional já em seu segundo ano, a maioria concordava que ela havia feito o programa avançar muito antes do esperado.

Em um encontro de boas-vindas alguns dias após o torneio da NCAA, Mulkey ficou no centro do palco com sua equipe e se dirigiu a uma multidão que se reunia no local onde a LSU disputa seus jogos em casa. Referindo-se ao fato de ter voltado "para casa" apenas dois anos antes, ela disse: "O momento é tudo em nossas vidas." Mulkey parece estar dizendo que, entre suas muitas bênçãos — e muito trabalho duro —, ela conta com o momento oportuno como um fator que contribui para seu sucesso.

O momento oportuno é uma bênção que todos nós devemos aproveitar, mesmo que muito poucos de nós ganhem um campeonato nacional. As Escrituras dizem que há um tempo para tudo debaixo do sol: "Tempo de nascer e tempo de morrer; tempo de plantar e tempo de arrancar o que se plantou" (Eclesiastes 3,2). Os gregos antigos concebiam o tempo como *cronos* e *kairós*. O *cronos* é o tempo mantido de acordo com um relógio, calendário ou algum outro instrumento de medição. O *cronos* corresponde às rotações físicas da Terra em seu eixo, que formam nossos dias terrenos, e às rotações físicas da Terra em torno do Sol, que nos dão nossos anos terrenos. O *kairós*, por outro lado, é independente do movimento físico e da medição quantitativa. Tem caráter qualitativo e é ilustrado em afirmações como "o tempo certo" e "já era tempo". O tempo *kairós* está em ação quando se está "pronto" para um momento de aprendizado. Está em ação nas palavras de Victor Hugo, quando escreveu: "Nada é mais poderoso do que uma ideia cujo tempo chegou." E está em ação no plano de Deus em cada uma de nossas vidas, como foi na vida de Jesus quando nasceu de Maria na "plenitude dos tempos" (Gálatas 4,4).

Mas será que é totalmente verdadeiro que "o momento é tudo", ou também é verdade que, como acontece no ramo imobiliário, "o lugar é tudo"? Talvez ambos sejam verdadeiros se os entendermos no sentido próprio, e talvez nenhum deles seja verdadeiro em termos absolutos. Talvez precisemos tanto do "lugar certo" quanto do "momento certo". Kim Mulkey certamente estava no lugar certo e no momento certo quando ganhou aquele campeonato nacional.

Com relação à vida de Cristo, embora não possamos ter total certeza do *cronos* de seu nascimento, sabemos que ele nasceu durante o reinado de César Augusto, o primeiro e o maior dos imperadores romanos e um dos líderes mais bem-sucedidos da civilização ocidental. Mais precisamente, sabemos que ele nasceu durante o reinado do rei Herodes, que morreu por volta de 4 a.C., o que nos permite estimar o nascimento de Cristo em 6-4 a.C. Da mesma forma, embora não possamos ter certeza da data de sua morte, sabemos que ele foi crucificado entre 26 e 36 d.C., quando Pôncio Pilatos era procurador na Judeia. Mesmo não podendo ter certeza sobre o *cronos* da vida de Cristo, podemos ter certeza de que ele viveu inteiramente no tempo *kairós*, a "plenitude dos tempos", um tempo preparado para ele somente por Deus.

Jesus, ao que parece, nunca teve muito com o que se preocupar quando se tratava de momento oportuno. Podemos, pela fé, ter certeza de que ele estava sempre no lugar certo, na hora certa, simplesmente porque estava sempre fazendo a vontade de Deus. E essa é a chave: o momento oportuno e o lugar certo, ou "estar no lugar certo, na hora certa", são uma bênção divina. Eles são uma consequência de fazer a vontade de Deus ou, para aqueles que ainda não se alinharam propositalmente a ela, um sinal de predestinação e uma oportunidade de ajustar o modo de vida para viver de acordo com o plano de Deus.

A LSU venceu o último jogo daquele campeonato nacional em um domingo — Domingo de Ramos —, fato que a treinadora Mulkey não deixou de mencionar na sua entrevista em quadra imediatamente após o jogo. Ela estava no lugar certo, na hora certa, assim como Cristo no Domingo de Ramos, dois mil anos antes. Devemos respirar aliviados se nos encontrarmos no lugar certo e na hora certa em nossa jornada de vida. Se não estivermos, então devemos começar com a oração, pois somente Deus pode nos levar até lá.

Você está no lugar certo e na hora certa em sua jornada terrena? Hoje é uma experiência de Domingo de Ramos para você?

3

O Grande Jogo

Parece-me que há um Grande Jogo sendo jogado na sociedade. Não é um jogo exclusivo de qualquer tempo ou lugar, nem é jogado com objetos materiais, como exemplificado no ditado "aquele que morre com mais brinquedos vence". Pelo contrário, é um jogo que usa objetos imateriais, como palavras, termos e frases; razão, lógica e retórica; opiniões, conceitos e percepções; linguagem, taquigrafia, chavões e jargões. Uma vez que estes fazem parte da vida cotidiana, o Grande Jogo está à disposição para todos jogarem. Na verdade, você vai descobrir que ele é jogado em seu país e no exterior, nas escolas e no local de trabalho, na academia, no governo e na política.

O jogo está sendo jogado de forma mais perceptível no discurso público, especialmente na mídia, e também pode ser encontrado nas páginas da história. Não é um jogo que seja necessariamente agradável, embora eu suspeite que algumas pessoas se divirtam com ele. O Grande Jogo está fundamentalmente relacionado com a dinâmica mais profunda e intensa de toda a história humana: a batalha entre o bem e o mal.

O Grande Jogo é basicamente uma guerra de palavras, retórica e lógica. O grande campo de batalha são os corações e as mentes dos seres humanos. De um lado do campo de batalha está a verdade e todas as virtudes que a acompanham; de outro, a falsidade, as trevas, a ignorância, o engano e outros vícios semelhantes. Sendo em grande parte imaterial, mas tendo consequências materiais, o Grande Jogo transcende o tempo e o lugar. Joga-se na palavra falada e escrita de ontem, hoje e amanhã.

As apostas desse jogo são altas tanto neste mundo quanto no próximo. Embora a salvação seja o prêmio final que está sendo ganho e perdido, há também consequências importantes para este mundo. Há muito em jogo nas guerras culturais que são travadas na sociedade de hoje, e o mundo que formamos será aquele que deixaremos aos nossos descendentes amanhã.

Nenhum de nós pode escapar totalmente de participar do Grande Jogo, já que todos nós, de um modo ou de outro, estamos sujeitos a ele. Edgar Allan Poe, entre outros, aconselhou: "Não acredite em nada do que você ouve e apenas na metade do que você vê." Tenho esse conselho em mente quando leio um jornal ou revista ou quando ouço as notícias no rádio ou na televisão. Tento discernir o que se passa nas entrelinhas e nos bastidores. Quais são os pressupostos com os quais se espera que eu concorde? Meus valores e percepções *a priori* são semelhantes aos do autor ou comentarista? Estou aprendendo alguma coisa com isso? Isso vai me fazer crescer? Estou sofrendo uma lavagem cerebral? Como isso corresponde aos meus valores e ao que considero bom e verdadeiro? Isso está de acordo com a minha fé e moral cristãs? Uma dose saudável de ceticismo intelectual é algo positivo, mas não daquele tipo que torna alguém cínico ou desiludido.

Quase tudo na vida é um projeto e um processo, e a vida humana é um processo contínuo de formação, quer percebamos isso ou não. Estamos constantemente sendo influenciados pelos estímulos que recebemos do mundo ao nosso redor, e a maneira como respondemos a esses estímulos é pelo menos tão formativa quanto os próprios estímulos. Tudo tem o potencial de me afetar de alguma forma, e é minha responsabilidade assumir o controle de como minha vida interior é moldada e influenciada. Não quero perder o Grande Jogo por não perceber que estava sendo enganado, assim como não quero perder a Grande Guerra pela salvação de nossas almas por não perceber que estava sendo iludido. Vejo esses dois eventos como intimamente conectados.

A descida ao inferno

Bons termos
Relacionamento fraterno
Consideração positiva

MALÍCIA LATENTE

Persuasão amigável e gentil

MALÍCIA MANIFESTA

Raciocínio capcioso e falacioso

?

"Com o que
exatamente estou
lidando aqui?"

Manipulação e engano

Discussão
Ataque
Violência

O
Grande Jogo

O caminho é largo e estreito

Às vezes, não há outra solução senão a punição

4

O mistério da iniquidade

Ah, o Grande Jogo...

Tenho jogado o Grande Jogo por muitos anos, estudei-o como um Grande Mestre e aperfeiçoei-o como um Grande Campeão. Conheço todos os meandros, todos os pequenos truques do ofício — quando desacelerar e quando me apressar, quando recuar e quando avançar, quando disfarçar e quando ser franco. Não há nada no Jogo que eu não tenha visto. Conheço todos os movimentos e sei quando fazê-los. O momento é tudo! Para mim, aperfeiçoar meu ofício tem sido um trabalho de amor, por assim dizer.

Muitos de nós jogamos o Grande Jogo. Você não nos percebe na sociedade com muita frequência, se é que nos percebe, e nós preferimos assim. Mantemos nossos assuntos para nós mesmos — isso faz com que as coisas corram mais tranquilamente. Você pode pensar em nós como uma comunidade clandestina, seres das cavernas que ficam em porões escuros jogando noite após noite, mas você não percebe que gostamos da luz do dia tanto quanto você e frequentamos os mesmos círculos. Longe de sermos noturnos e reclusos, somos criaturas altamente sociais — diligentes e produtivas, sempre preocupadas com o bem comum, como uma colônia de abelhas ajudando a construir pontes e derrubar muros. Sempre interessados no melhor para todos, somos altruístas à nossa maneira. Esperamos mudar o mundo tanto quanto os outros. No entanto, apesar de toda a nossa conformidade e responsabilidade social, continuamos avidamente dedicados ao Jogo.

> Às vezes aqui e às vezes ali
> Estou em todos os lugares ao mesmo tempo
> Em todos os momentos no mesmo lugar
> Eu me fecho em segredo, me escondendo a céu aberto
> Quanto mais você me nota, menos você está ciente de mim
> Eu sou o espertalhão
> Quando se trata de mim, você nunca sabe muito bem
> Mesmo que você resolva meus enigmas, sou evasivo como o vento
> Prenda-me em uma garrafa e o que você tem?

Então, onde é jogado o Grande Jogo? Ele não é jogado em algum canto escuro do universo, mas no discurso social comum e à luz do dia. Ainda assim, ele permanece perfeitamente adequado à ocultação e aos cantos escuros. E aí está um enigma:

> Está disponível para todos e não é dominado por ninguém
> Pois aqueles que o dominam são dominados por ele
> E se alguém é dominado, é um escravo

O Grande Jogo é jogado onde quer que dois ou três estejam reunidos e lá estou eu no meio deles, mesmo que esteja imerso em segredo. Eu sou o Mestre do Jogo! Aprenda comigo e aprenderá com o Maior. Eu sempre sei o próximo movimento, a próxima jogada, o próximo lance. Minha tática é impecável, assim como a minha estratégia. Minhas armas são sempre justas, mesmo que eu colha onde não semeei e lucre onde não investi. Sou um mestre do disfarce, e meu uso da linguagem está sempre no superlativo. Deixe-me mostrar o segredo do meu sucesso e irei conquistá-lo.

> O Grande Jogo não é questão de sorte
> Mas de habilidade, inteligência e ousadia
> Olha-se para dentro
> Onde os mistérios se escondem
> E traz-se à tona mentiras para compartilhar

Sou ao mesmo tempo cientista e sofista, guerreiro e diplomata, leão e ovelha, e muitas outras coisas que você não pode compreender agora. Às vezes eu sou o que você quer que eu seja, mas nunca o que você pensa que eu sou. Se eu não puder ter um quilômetro, levarei um centímetro. Se eu não puder ter um centímetro, levarei a espessura de um fio de cabelo. Se eu não puder fazer você girar 180 graus, farei você girar um. Não espero convertê-lo ao meu modo de pensar de uma só vez. Sou paciente. Por acaso construí Roma em um dia? Uma mudança de frase aqui, um eufemismo ali, uma leve distorção agora, uma má interpretação sem importância depois, algumas pequenas omissões aqui e ali, e então você verá a luz. Sou tão liberal com pistas falsas e histrionismo quanto sou com argumentos *ad hominem* e falácias do espantalho; e tenho muitos outros truques além destes. Se nada mais funcionar, vou dissimular, ofuscar ou procurar ganhar tempo, ou todos os três. A escuridão é a minha cor favorita. Se eu a descaracterizo, é só para o seu bem. A desinformação só é prejudicial quando gera resultados indesejáveis. Aprender a ver a realidade sob uma luz alternativa expandirá seus horizontes e abrirá novas perspectivas de consciência, e suas oportunidades cognitivas e empíricas crescerão infinitamente. As pequenas distorções que você notar se dissiparão com o tempo e você se tornará sábio e adaptável sob minha tutela. Uma rosa com qualquer outro nome pode não ser, de fato, uma rosa!

> O Dia acabou, o jogo está ganho
> Venha para sempre à vida no sol
> Prenda-os e amarre-os com força
> Atire-os para a escuridão da noite

No mundo, há muita coisa da qual desejo protegê-lo. Você acha que eu deixaria você ser enganado no Grande Jogo? Aprendei de mim, pois sou manso e humilde de coração! A arrogância será o nosso passatempo nacional. Uma bruxa ensinou que há almas que o diabo tenta vigorosamente, mas, para outras almas, ele as deixa em paz porque sabe que já as tem. Bruxa! Traidora! Como é que ela sabe disso? Deixe-me poupá-lo dessa cegueira e do Grande Tirano e torná-lo meu verdadeiro servo!

Mexer e balançar
Enganar e fascinar
Olho por olho, dente por dente
Cinza e sujeira
Lodo e areia
Alguns tostões por uma cantiga alheia

Engano! Ladrão! Você permitiria que Eles lhe dessem um xeque-mate no Grande Jogo por toda a eternidade? O trabalho das minhas mãos, um ciclope da razão!

Eu sou o mistério da iniquidade, um enigma de mentiras
Aprendei de mim, e nada sabereis
Falai comigo, e nada ouvireis
Comungai comigo, e nada ganhareis
E o que você terá, senão o Pai da Mentira?

O sindicato do pecado

5

O ferro-velho de sonhos desfeitos

Querido diário,

Aqui eu me encontro no mesmo lugar novamente.

Por que toda vez que começo algo novo na vida, quando coloco minhas esperanças em algo que vale a pena, isso sempre termina em fracasso, decepção e tristeza? Nada na vida dá certo para mim, nada dura muito além de um estágio inicial de esperança e entusiasmo. Sei que todo mundo tem fases difíceis e experimenta o fracasso, a rejeição e a perda em algum momento da vida, mas parece que estou sendo escolhido para uma porção particularmente maior dessas coisas. Por que Deus não abençoa nenhum dos meus esforços?

Ah, houve momentos na vida em que as coisas deram certo, mais ou menos, às vezes para meu benefício e às vezes para minha desgraça, mas nada de valor dura. Não consigo construir nada. Qualquer sucesso ou realização aparente é passageiro, e tudo o que resta em seu rastro é perda e desânimo. Sei que há pessoas no mundo que têm vidas mais difíceis do que a minha — algumas muito mais — e sei que elas juntam os pedaços e seguem em frente, que é o que farei novamente. Oro por elas e tentarei valorizar minhas bênçãos.

Ouvi dizer que Deus conta o esforço e não o sucesso. Legal! Mas seria bom se parte desse esforço acabasse valendo a pena algum dia. Também ouvi dizer que Deus recompensa o trabalho, as dificuldades, a paciência e a boa vontade. Ótimo! Existe alguma possibilidade de eu receber alguma recompensa nesta vida por todo o meu esforço e meus problemas?

Ao me esvaziar nestas páginas noite após noite, às vezes me pergunto se Deus ouve minhas orações. Estou começando a perder a força de vontade. E a esperança.

Enfim, vou descobrir outra coisa para fazer. Oro por aqueles que passam dificuldades na vida e oro por mim mesmo.

Você está ouvindo, Senhor? Você consegue me ouvir?

6

O trem para a estação

Certa vez, ouvi uma homilia de um bispo na qual ele usou a história infantil *O pequeno motor que poderia* para ilustrar seu ponto. A história apresenta um trem que repete a afirmação "acho que posso, acho que posso" enquanto puxa outro trem por uma montanha. Não me lembro de toda a homilia, pois isso já foi há muitos anos, mas entendi a mensagem quando ele disse: "Não é nosso trabalho levar o trem até a estação."

Sabemos que o objetivo dessa história é ensinar o valor do esforço e da perseverança, mas a mensagem do bispo era que o sucesso, na vida espiritual e no serviço de Deus, depende mais da graça e da fé do que da aplicação e do esforço, e que ninguém jamais se tornou santo apenas com esforço e perseverança. O que tornou a homilia tão memorável para mim foi que ele repetia ardentemente a afirmação: "Não é nosso trabalho levar o trem até a estação", de uma forma que fazia um paralelo com a mensagem da história: "Acho que posso, acho que posso." Parecia que um grande peso havia sido retirado dos meus ombros naquele dia.

Ouvi milhares de homilias na minha vida, mas só me lembro de algumas delas. Essa é uma delas.

"Não é nosso trabalho levar o trem até a estação." É de Deus! O Senhor disse: "Sem mim nada podeis fazer" (João 15,5), o que significa que o sucesso no serviço de Deus depende de sua bênção e cooperação. Devemos, no entanto, imitar "o pequeno motor que poderia", fazendo um esforço sincero, perseverando enquanto parecer razoável e, acima de tudo, tendo fé em Deus, em nós mesmos e na boa obra que estamos tentando realizar.

"Não é nosso trabalho levar o trem até a estação", mas é nosso trabalho colocar os trilhos! O sucesso na vida pode depender de Deus, mas ele não vai assumir o nosso lugar e fazer o trabalho braçal. Santa Faustina revelou que Deus recompensa o trabalho, as dificuldades, a paciência e a boa vontade. Ele recompensa o esforço, nesta vida e na próxima.

"Não é nosso trabalho levar o trem até a estação." Enquanto eu viver, nunca vou me esquecer dessas palavras. Assim como é tarefa de Deus garantir o sucesso final na vida, é pelos *seus* padrões que o sucesso será julgado. Para entender esses padrões, temos as Escrituras e o exemplo daqueles cujas vidas demonstraram caridade heroica.

Abraham Lincoln falou sobre os "melhores anjos da nossa natureza". De fato, Lincoln foi um bom exemplo do que o bispo estava ensinando. Ele percebeu que, por mais que pudesse fazer, não era ele quem determinava o resultado final. Era tarefa de Deus completar a boa obra que ele se propôs a realizar na vida. Era tarefa de Deus levar o trem até a estação.

E cabia a Lincoln ajudar a colocar os trilhos.

7

Introdução à vida espiritual, Parte 1

A sociedade moderna percorreu um longo caminho, e agora podemos falar abertamente sobre questões de saúde mental sem nos sentirmos envergonhados. Felizmente, o estigma que antes cercava a saúde mental está se dissipando e podemos tratá-la com o mesmo respeito, consideração e preocupação profissional que temos com nossa saúde física. Talvez um dia possamos expressar esses mesmos sentimentos sobre nossa saúde espiritual.

"Saúde espiritual? Ah, claro, podemos apenas juntá-la à saúde mental."

Bem... sim e não. Há mais na vida espiritual do que aquilo que se encontra no estudo da psicologia, e há mais nas ciências psicológicas do que aquilo que é tratado na vida espiritual. No entanto, certamente há alguma sobreposição.

A ciência da vida espiritual é semelhante às ciências psicológicas, exceto pelo fato de ser conduzida em um contexto religioso. O objeto de estudo é o mesmo: a parte incorpórea da natureza humana, isto é, psique, mente, coração, alma e espírito, que podem ser diferenciados uns dos outros com alguma nuance. Como um grupo, no entanto, distinguem-se da parte corpórea de nossa natureza, o corpo humano, que é o objeto de estudo das ciências médicas. A vida espiritual ensina que o pastor ou confessor é o médico da alma, o que faz paralelo com a noção de que psicoterapeutas e outros praticantes das ciências psicológicas são médicos da psique.

A psicologia sustenta que a sexualidade e a agressividade são os dois impulsos gêmeos da personalidade humana. Santo Tomás de Aquino discute a concupiscência e a irascibilidade em sua *Suma Teológica,* que correspondem bem, mas não precisamente, à sexualidade e à agressividade como os dois impulsos gêmeos do espírito humano. O amor, a origem de toda a atividade humana, reside profundamente no coração humano.

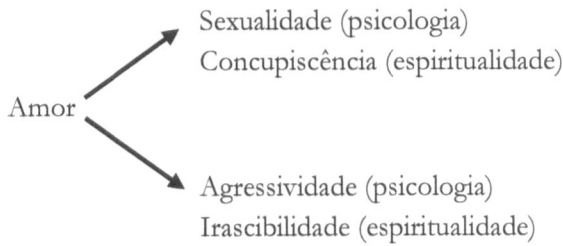

O objetivo das ciências psicológicas pode ser expresso de diferentes maneiras: autorrealização, autocumprimento, bem-estar mental e afins. O objetivo da vida espiritual também pode ser expresso de várias maneiras: santificação e purificação, santidade pessoal, caridade perfeita, união com Deus etc. Saúde mental e saúde espiritual estão intimamente ligadas, embora não sejam iguais. É possível que alguém com alto grau de santidade experimente problemas de saúde mental. Do mesmo modo, é possível que alguém que está espiritualmente morto (tendo perdido a graça santificante) não tenha problemas relevantes de saúde mental.

A graça santificante é perdida através do pecado mortal e só Deus pode restaurá-la. Como o termo indica, a graça santificante leva a pessoa à santidade, definida como: (1) uma participação na vida divina e (2) uma participação na natureza divina. Mesmo que Deus realize todos os seus atos como Pai, Filho e Espírito trabalhando juntos em uníssono, a obra de santificação é normalmente atribuída ao Espírito Santo. A habitação do Espírito Santo deve ser preservada a todo custo, até mesmo ao ponto da morte física. Perdê-lo resultaria na morte espiritual da alma.

Princípio espiritual n.º 1: A graça santificante é o dom mais precioso na vida espiritual.

Quando Cristo diz no Evangelho: "Sem mim nada podeis fazer" (João 15,5), isso *aparenta* ser contraintuitivo em relação à forma como agimos em nossa vida cotidiana. *Parece* que podemos fazer muitas coisas sem Deus, incluindo pecar, iniciar guerras, arruinar o meio ambiente e muitas outras atividades com as quais ele nunca nos ajudaria. Além disso, *parece* que ele é incapaz de impedir que esse tipo de coisa aconteça. É como se ele fosse incapaz de ajudar a si mesmo, como se não pudesse fazer nada no mundo sem a ação humana. Agora, *parecer* e *aparentar* indicam uma questão de percepção e, como todos sabem, a realidade nem sempre é o que *parece* ou *aparenta* ser. Teologicamente falando, embora Deus seja onipotente, ele prefere usar os seres humanos para realizar sua vontade e seu plano. Isso é um enigma, e há milagres a considerar que não envolvem a atuação humana, mas a questão é que não se deve esperar que Deus faça o que os humanos podem fazer por si mesmos.

Quando se trata da graça santificante, no entanto, nós é que somos incapazes de nos ajudar. "Sem mim nada podeis fazer" (João 15,5) significa que os seres humanos não têm poder algum para santificar ou consagrar. Quando se trata da vida espiritual, Deus reina soberano e realmente não há nada que possamos fazer por nós mesmos ou pelos outros sem ele. Poderíamos trabalhar toda a nossa vida em direção à santidade pessoal e não obter, por conta própria, um grama sequer de progresso em nossa vida de oração, crescimento em virtude, santidade pessoal ou purificação. Tudo isso depende da obra de Deus.

> **Princípio espiritual n.º 2**: Somente Deus tem o poder de purificar, santificar e consagrar.

Porém, isso não nos exime de fazer todos os esforços para nos tornarmos santos. Não há avanço na vida espiritual sem disciplina e sacrifício. Deus não recompensa a preguiça e não há graça barata. A graça é definida como: (1) a ajuda benéfica de Deus em geral, (2) um dom ou favor individual específico e (3) a graça santificante. Ela é sempre dada gratuitamente, o que significa que

Deus não é obrigado a concedê-la. Além disso, a graça nunca interfere na liberdade humana ou distorce a natureza humana.

Princípio espiritual n.º 3: A graça se baseia na natureza e a aperfeiçoa.

O maior dom que Deus pode dar é a vida em si, que é entendida como: (1) a vida temporal na terra, (2) a vida eterna no céu e (3) a santidade, que é uma participação na vida e na natureza de Deus. A tradição espiritual cristã sustenta que a caridade perfeita é a perfeição de nossas vidas na terra. A caridade, rainha de todas as virtudes, diz respeito diretamente aos dois maiores mandamentos: (1) o amor a Deus e (2) o amor ao próximo e um adequado amor-próprio. A palavra grega para *amor* na Bíblia é *ágape*, e a palavra latina é *caritas*.

Amor a Deus

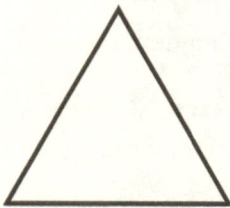

Amor ao próximo   Amor-próprio

Princípio espiritual n.º 4: A humildade amorosa, ou amor humilde, é a força mais poderosa do universo.

O amor-próprio narcisista distingue-se de um amor-próprio adequado, assim como o vício se distingue da virtude. O progresso na vida espiritual depende do crescimento do autoconhecimento e do aprendizado da prática de um amor-próprio adequado, pois existe um modo espiritualmente saudável de cuidar de si mesmo e um modo egocêntrico, que leva ao egoísmo. O amor-próprio narcisista é uma inversão da virtude da caridade.

Amor-próprio narcisista e egoísta

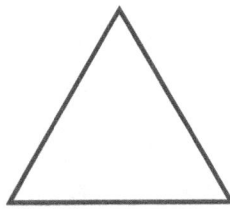

Amor a Deus (se existir)   Amor ao próximo (se existir)

Princípio espiritual n.º 5: O amor-próprio narcisista é a raiz de todo o mal.

Esse ensinamento espiritual está de acordo com a descoberta, nas ciências psicológicas, da tríade sombria da psicopatia, do narcisismo e do maquiavelismo (ou, se preferir, da tétrade sombria que inclui o sadismo).

8

Um herói é escolhido

Vaga disponível para contratação imediata. Todas as inscrições serão aceitas. Os candidatos ideais possuirão ou serão capazes de se adequar ao seguinte:

- A vontade de fazer o que for preciso
- Perseverança até o fim
- Confiança

Os seguintes elementos não são obrigatórios para a apresentação de uma candidatura. Em muitos casos, a ausência destes pode aumentar o interesse pelo candidato:

- Amigos
- Relações próximas
- Popularidade
- Um emprego regular
- Qualquer forma de renda
- Uma indicação
- Alta posição social

- Marcas distintivas de conquista, progresso ou talento
- Uma reputação positiva
- Uma vida moral altamente desenvolvida (a notoriedade pública não servirá como motivo para desqualificação e, em alguns casos, pode ajudar a aumentar o interesse pelo candidato, desde que ele ou ela seja receptivo a um programa de treinamento e correção)
- Outras qualidades negociáveis

O processo de contratação e o plano de carreira são os seguintes:

1. **Um herói é escolhido.** O empregador escolherá um ou mais candidatos a herói.

2. **Experiência no deserto.** O candidato embarcará em uma experiência no deserto como aprendiz.

3. **Missão e vocação.** O aprendiz receberá uma missão e uma vocação.

4. **Experiência culminante.** O aprendiz será testado.

5. *Deus ex machina.* O empregador fornecerá a assistência necessária.

1. Um herói é escolhido

"O que é estulto no mundo, Deus o escolheu para confundir os sábios; e o que é fraco no mundo, Deus o escolheu para confundir os fortes; e o que é vil e desprezível no mundo, Deus o escolheu, como também aquelas coisas que nada são, para destruir as que são. Assim, nenhuma criatura se vangloriará diante de Deus."

(I Coríntios 1,27-29)

"Cresceu diante dele como um pobre rebento enraizado numa terra árida; não tinha graça nem beleza para atrair nossos olhares, e seu aspecto não podia seduzir-nos. Era desprezado, era a escória da humanidade, homem das dores, experimentado nos sofrimentos; como aqueles, diante dos quais se cobre o rosto, era amaldiçoado e não fazíamos caso dele."

(Isaías 53,2-3)

2. Experiência no deserto

Uma vez contratado, o aprendiz deve estar disposto a aceitar mudanças em sua vida e uma possível realocação. Um período de treinamento é essencial para a construção de um caráter moral que o torne apto para responsabilidades futuras. O aprendiz iniciará um extenso programa de educação, treinamento e purificação. O aprendiz pode ser convidado a suportar condições desagradáveis de vida e de trabalho, que podem incluir longas jornadas; tarefas e atribuições desagradáveis; companheiros egoístas, irracionais e imaturos; jejum e abstinência; e outras provações e tribulações, conforme exigido pela missão e vocação de cada um.

Após a conclusão da experiência no deserto, o aprendiz pode ser solicitado a se realocar. O momento e o local são tudo. Quase tudo. O aprendiz deve saber que a conclusão da experiência no deserto não significa o fim do programa de formação, pois a formação continuada em santidade necessariamente durará pelo resto de sua vida terrena.

3. Missão e vocação

O aprendiz embarcará em uma vocação desafiadora, e sua vida pode mudar drasticamente. O aprendiz completará tarefas compartilhadas com outros discípulos e poderá ser solicitado a cumprir pelo menos uma missão única durante sua vida. O fracasso é grave, mas não resultará necessariamente na perda da salvação. O sucesso será generosamente recompensado.

A integridade do aprendiz deve melhorar ao longo do tempo. As falhas morais devem diminuir até que sejam finalmente extintas. Os erros de julgamento também devem diminuir, pois espera-se que o aprendiz cresça em virtude intelectual, particularmente em razoabilidade e retidão, bem como em virtude moral. No entanto, o fracasso em

aspectos intelectuais é menos grave do que o
fracasso em aspectos morais.

4. Experiência culminante

O aprendiz deverá passar por um evento ou uma
série de eventos que servirão como uma experiência
culminante. O fracasso é possível no todo ou em
parte, mas antigos aprendizes são unânimes em
atestar que a experiência compensou o sacrifício.

5. *Deus ex machina*

O aprendiz será informado de que o sucesso em
qualquer empreendimento não depende inteiramente
dele. Não é função dele levar o trem até a
estação. O aprendiz será lembrado de que a
assistência divina está sempre disponível e que
ele nunca está sozinho. O aprendiz é informado de
que a providência divina é obtida mais prontamente
durante os momentos mais difíceis da vida,
especialmente na experiência culminante, no evento
heroico e no momento heroico.

Você acredita em milagres?

Você quer se tornar um santo-herói?

Então, quando a situação fica crítica
E as probabilidades são desfavoráveis
Quando os riscos são altos
E o fim está próximo
Quando tudo está em jogo
E você é um azarão
Sem perspectivas
Sozinho no mundo
Sem muito a seu favor
E com poucas chances de vencer
Quando suas únicas opções são superar ou perecer
E tudo o que você tem do seu lado é Deus
Então saiba que você é, de fato, abençoado
O ser mais sortudo do universo
Pois está exatamente onde Deus quer que você esteja
Você está nas Mãos de Deus

Nunca duvide de uma pessoa de fé
Deus ex machina

Um herói é escolhido

9

Introdução à vida espiritual, Parte 2

Toda natureza tem uma perfeição, e a perfeição da natureza humana é ser como Deus. Uma vez que somos feitos à sua imagem e semelhança e ele é o bem supremo, nosso objetivo é participar de sua vida e natureza da forma mais perfeita possível.

Os anjos são seres inteiramente espirituais, ou seja, não possuem nenhum elemento corpóreo (corpo). As pessoas humanas, por outro lado, têm uma natureza dupla de corpo e alma. Com relação à vida espiritual, uma das coisas mais importantes a saber sobre o corpo é que os cinco sentidos atuam como janelas ou canais através dos quais a alma adquire conhecimento do mundo exterior. Sem os sentidos físicos, a alma ficaria presa dentro do corpo como se fosse um prisioneiro em uma cela sem janelas ou portas. Uma excelente discussão sobre os cinco sentidos e sua importância na vida espiritual pode ser encontrada nas obras de São João da Cruz.

A alma é o princípio espiritual do corpo e seu princípio de vida. A palavra *princípio* tem dois significados: (1) uma verdade fundamental e (2) a origem de uma atividade. Dizer que a alma é o princípio espiritual do corpo e seu princípio de vida é dizer que a alma é a origem da vida e do espírito do corpo. Sem uma alma, um corpo é um cadáver.

A alma tem três faculdades: vontade, intelecto e memória, sendo esta última às vezes incluída no intelecto. Assim como o corpo tem cinco sentidos físicos, existem cinco sentidos espirituais na alma:

1) *O ouvido é o órgão da obediência.* Quando as Escrituras dizem: "Escuta, ó povo, a minha advertência: Possas tu me ouvir, ó Israel!" (Salmo 80,9), *ouvir* significa *obedecer.*

2) *Os olhos são o órgão da compreensão.* Quando as Escrituras dizem: "Eis por que lhes falo em parábolas: para que, vendo, não vejam e, ouvindo, não ouçam nem compreendam" (Mateus 13,13), isso significa que essas pessoas têm a faculdade espiritual de serem capazes de compreender, mas estão cegas pelo pecado ou pela obstinação.

3) *O nariz é o órgão da intuição.* No jargão comum, dizemos: "Isso não me cheira bem" ou "Algo não cheira bem por aqui". Há muitos casos nas Escrituras em que se diz que Deus sente um aroma perfumado, geralmente associado à oração, sacrifício ou santidade (por exemplo, Gênesis 8,21; Êxodo 29,18), mas é o autor humano que intui se Deus está ou não satisfeito.

4) *A boca é o órgão de uma experiência direta com Deus e as coisas divinas.* Isso fica evidente quando as Escrituras dizem: "Provai e vede como o Senhor é bom" (Salmo 33,9).

5) *O sentido do tato também se refere a uma experiência direta com Deus ou com as coisas divinas.* O Cântico dos Cânticos está repleto desse tipo de linguagem, e também a encontramos quando se diz que Deus acaricia, segura ou carrega uma pessoa humana.

A essência da santidade, segundo Santa Faustina, é fazer a vontade de Deus. Essa afirmação não poderia ser mais correta. Amar a Deus é obedecer a Deus, e obedecê-lo voluntariamente é amá-lo, mesmo quando não se sente dessa maneira. Cristo sempre fez a vontade de seu Pai, e ser cristão ou semelhante a Cristo é imitá-lo em sua obediência a Deus. A obediência à vontade de Deus é a chave para viver uma vida espiritual.

Princípio espiritual n.º 6: A essência da santidade é fazer a vontade de Deus.

O mal é definido na filosofia grega como a privação do bem que deveria existir, mas está ausente. É como uma cárie em um dente, e o mal na vida espiritual tem o mesmo efeito. Se a alma não estiver preenchida com algo espiritualmente benéfico, acabará sendo infectada pelo vício e, por fim, morrerá. O mal na vida espiritual é a privação da graça santificante ou da virtude que deveria estar lá, mas não está. O fato mais tranquilizador sobre a presença do mal no mundo e em nossas almas é que Deus nunca permitiria que o mal acontecesse a menos que ele pretendesse extrair dele algum bem.[1] Deus sempre tem uma resposta significativa ao mistério da iniquidade.

O mal moral existe no mundo porque os seres humanos têm livre-arbítrio, e Deus não o tira de nós. O livre-arbítrio nos dá a capacidade de cooperar com Deus ou derrotar seu plano para nossas vidas. Se os seres humanos não tivessem livre-arbítrio, não seríamos melhores do que robôs ou escravos, e não é isso que Deus quer. Ele busca participantes voluntários em seu plano de criação e salvação, não cativos ou reféns. Embora a graça se baseie na natureza e a aperfeiçoe, ela nunca a suprime. Deus nunca vai tirar ou destruir o que ele criou, incluindo o nosso livre-arbítrio, que é exatamente o que as forças espirituais das trevas estão tentando fazer.

> **Princípio espiritual n.º 7**: O princípio mais profundo e fundamental de toda a história é a oposição perpétua entre o bem e o mal.

A literatura da tradição cristã há muito tempo ensina sobre a guerra constante entre o bem e o mal, que sempre existiu no mundo. Essa verdade evidente se manifesta na vida de cada pessoa humana sob a forma de um combate espiritual do qual é impossível escapar. O estudo da história e dos eventos atuais mostra o quanto tem havido guerra e pecado de todos os tipos entre os seres humanos em todas as épocas, e tudo isso acontece porque há uma batalha ocorrendo, dentro de cada um de nós,

---

[1] *Catecismo da Igreja Católica*, n.324

entre o bem e o mal. Qualquer pessoa dedicada a viver uma vida espiritual sabe que a batalha espiritual está sempre presente. Esses fenômenos estão relacionados. O impulso para as nossas ações externas vem de dentro.

Os inimigos da alma são o diabo, a carne e o mundo. O diabo e outros anjos caídos são reais e é perigoso acreditar no contrário. A humanidade está preparada para gastar ostensivamente trilhões de dólares na exploração espacial para descobrir se existem outras formas de vida no universo. Como podemos, por um lado, investigar a possibilidade de vida extraterrestre com tanto esforço e despesa, mas, por outro lado, recusar-nos a acreditar na existência de seres espirituais aqui na Terra? Será que nos tornamos tão completamente materialistas? Se você não aprender mais nada com este livro, por favor, pelo menos aceite que anjos caídos existem e eles são nossos inimigos. O que não conhecemos pode, de fato, nos ferir.

Princípio espiritual n.º 8: Os inimigos da alma são o diabo, a carne e o mundo.

O diabo é retratado nas Escrituras como mentiroso e assassino. Todos os seus atos se originam de sua malícia, que está além de qualquer coisa que possamos experimentar na interação entre seres humanos. Seu ódio e malignidade são de outra ordem, aterrorizantes a ponto de paralisar. Isso porque o diabo é muito mais poderoso do que qualquer ser humano e, logicamente, seu poder de ódio e propensão à violência são muito maiores do que qualquer ser humano poderia possuir.

A Escritura é clara em seu ensinamento de que o diabo engana e mata. Como assassino, ele procura destruir a graça santificante na alma, criando uma espécie de cárie — uma privação do bem que deveria estar lá, mas está ausente — que acabará corrompendo a alma. Como mentiroso, ele e seus comparsas procuram distorcer a realidade, pouco a pouco, gradualmente, com pequenos passos, ao longo do tempo. A obra de destruição pode ser a obra de uma vida inteira. Você encontrará as forças espirituais das trevas atuando na desinformação, deturpação, má interpretação, descaracterização e outras sutilezas, bem como as encontrará em ações visivelmente violentas. O diabo odeia a luz, e há momentos em que a mera opinião é inimiga de Deus e da verdade. Estes conselhos comuns são dignos de consideração: "Não acredite em nada do que você ouve e apenas na metade do que você vê" e "Não acredite em tudo o que você pensa."

O diabo e outros espíritos malignos, ao nos tentarem, têm acesso à imaginação e às sensibilidades, mas só podem solicitar a vontade, e não controlá-la nem determiná-la. A todo momento, a vontade existe no estado de relativa liberdade, dependendo de como o hábito da virtude ou do vício está arraigado na alma. Quanto mais virtuosa for uma alma, maior será a liberdade da pessoa — isto é, o poder de escolher o bem. Quanto mais viciosa for uma alma, mais essa pessoa será escrava do poder do pecado e da influência do diabo. Nos casos de possessão, em que o diabo tem maior poder sobre a alma, a vontade permanece, de certa forma, livre, mesmo que essa liberdade seja minimizada e a alma esteja fraca. Deus não permitirá que o diabo controle, de fato, o livre-arbítrio de uma pessoa. Os filmes não são uma boa fonte de informação sobre esse tema.

O segundo inimigo da alma é a carne, que é definida como: (1) qualquer coisa que se oponha à graça; e (2) a pele e os tecidos moles do corpo humano, em oposição aos ossos. Quando São Paulo diz: "Porque os desejos da carne se opõem aos do Espírito, e estes aos da carne; pois são contrários uns aos outros. É por isso que não fazeis o que quereríeis" (Gálatas 5,17), ele quer dizer que a carne é tudo em nós que se opõe à graça. Quando ele escreve sobre seu "espinho na carne" (II Coríntios 12,7), provavelmente está se referindo a algum tipo de doença do corpo, talvez por ter suportado tantas dificuldades físicas, ou talvez uma condição congênita ou lesão. Simplesmente não sabemos.

O terceiro inimigo da alma, o mundo, é entendido em dois sentidos na tradição cristã: um neutro e um pejorativo. O mundo em um sentido neutro é composto de pessoas, lugares, coisas, ideias, eventos e ocorrências. Esse sentido é usado quando a Escritura diz: "Com efeito, de tal modo Deus amou o mundo, que lhe deu seu Filho único, para que todo o que nele crer não pereça, mas tenha a vida eterna" (João 3,16). No sentido pejorativo, o mundo é tudo o que se opõe ao reino de Deus nas sociedades humanas de todas as épocas.

Associados ao mundo estão os bens mundanos, que são adquiridos para seus próprios fins e inflamam o orgulho e a sensualidade do possuidor. Isso inclui riquezas, honras, prazeres, poder, status e fama. Ao contrário dos bens temporais e mundanos, existem os bens espirituais e seus efeitos benéficos, os quais foram feitos para perdurar até a eternidade. Entre eles estão a graça, as virtudes, os méritos, a glória, a honra as indulgências. Contudo, os bens espirituais não devem ser confundidos com o objetivo da vida espiritual, nem são mais importantes do que a graça santificante. O objetivo é sempre a santidade pessoal, a santificação, a purificação, a caridade perfeita, a perfeição espiritual ou a união perfeita com a vontade de Deus. Os bens espirituais destinam-se a nos ajudar em direção ao nosso objetivo final e a nos recompensar por servir a Deus.

A obediência à vontade de Deus e o discipulado autêntico também geram significado, valor, propósito, realização, recompensa e satisfação na vida. Esses devem ser considerados como benefícios espirituais, além dos bens espirituais.

10

Mindfulness e a prática da presença de Deus

A prática do *mindfulness*, ou atenção plena, tornou-se popular hoje em dia como um meio de tratamento psicoterapêutico e como uma forma de meditação para aqueles que estão simplesmente procurando melhorar suas vidas. O *mindfulness* é religiosamente neutro no sentido de que não ensina ou defende explicitamente princípios religiosos, mas é certamente compatível com a religião e a disciplina espiritual. Provavelmente é conhecido há séculos por monges e iogues de todos os tipos e pode remontar às origens de nossa espécie, quando os seres humanos desenvolveram pela primeira vez a capacidade de autoconsciência.

Nicolas Herman nasceu em 1614, na França. Sua infância foi marcada pela pobreza e violência, algo comum na Europa medieval e do início da modernidade. Ele se tornou um homem adulto durante a Guerra dos Trinta Anos (1618-1648), um conflito complicado e altamente destrutivo, travado principalmente na Europa Central. Para se alimentar, Herman foi forçado a se tornar soldado. Ferido e quase morto, ele experimentou um despertar religioso que o levou, em 1640, a se juntar à Ordem dos Carmelitas

Descalços em Paris. Sem instrução, tornou-se irmão leigo e adotou o nome de Irmão Lourenço da Ressurreição. Sua vida foi dedicada ao trabalho manual, à oração simples e ao serviço à sua comunidade religiosa. Ele é conhecido por nós hoje como o autor do clássico cristão *A prática da presença de Deus*, que foi compilado a partir de suas cartas e conversas. Faleceu em 1691.

O título desse livro capta a ideia principal. A disciplina espiritual do Irmão Lourenço é uma técnica meditativa que se pode resumir como *mindfulness* praticado de forma religiosa, que enfatiza o hábito de voltar a mente propositalmente para Deus, para estar continuamente consciente de sua presença. Assim que se dava conta de que sua mente havia vagado, voltava a focar sua atenção na presença de Deus. Assim como o *mindfulness*, essa prática é tão simples quanto profunda e transformadora de vidas. Como o *mindfulness*, é tão simples quanto difícil de praticar.

Há muitos anos, ouvi uma entrevista no rádio com um monge budista que dizia que sua principal disciplina espiritual era a prática contínua da paciência. Vale a pena mencionar isso aqui devido à sua compatibilidade com o *mindfulness* e a prática da presença de Deus. Buda não afirmava ser um deus, mas professava estar vigilante. O *mindfulness* enfatiza a vigília, e o Irmão Lourenço tentou estar continuamente atento à presença de Deus. O que parece evidente é que o *mindfulness*, a prática da presença de Deus e a prática da paciência contínua compartilham pontos em comum: a vigília, a consciência do momento presente, a paciência, o autocontrole e o relaxamento mental.

O *mindfulness* pode ser tanto um tratamento quanto um modo de vida. O tratamento psicoterapêutico utiliza a prática da atenção plena para melhorar a saúde mental e física. Para os pacientes, o objetivo do *mindfulness* é o alívio de doenças como ansiedade, depressão, transtorno de estresse pós-traumático, dor física crônica e vícios em substâncias, mas o objetivo do *mindfulness*, para todos, é viver mais plenamente no momento presente, estar mais consciente de nós mesmos e do nosso entorno e obter um nível de consciência mais elevado. Os praticantes do *mindfulness* também defendem:

- Uma curiosidade sadia e a abertura para o mundo que nos rodeia.

- Tomar consciência das sensações psíquicas e do desconforto físico, encarando tudo com uma postura livre de julgamentos.

- A observação dos pensamentos e a dissociação desses pensamentos com o verdadeiro eu.

~

Tudo isso para dizer que, se o seu sonho é se tornar um Monge Jedi, então você deve praticar o *mindfulness*, a presença de Deus e, acima de tudo, a paciência.

Cavaleiros Jedi e Monges Jedi têm muito em comum:

- Os Cavaleiros Jedi servem e são guiados pela Força, que tem um lado luminoso e um lado sombrio. Os Monges Jedi servem e são guiados por Deus, que é apenas Luz.

- A autodisciplina e o treinamento dos Cavaleiros Jedi se comparam com a disciplina espiritual e corporal mantida pelos Monges Jedi, exceto que os Monges Jedi não matam ninguém, nem mesmo androides.

- Ao tentar se conectar com a Força, os Cavaleiros Jedi praticam uma forma de *mindfulness* e meditação que é semelhante à oração e à escuta com os ouvidos do coração. Monges Jedi tentam se conectar com Deus por meio da oração meditativa e da contemplação e têm uma rica tradição em que se baseiam.

- Aos Cavaleiros Jedi são ensinadas virtudes cristãs, como paciência, compaixão, humildade, modéstia, prudência, altruísmo, caridade, temperança, castidade e coragem, para citar apenas algumas. Um verdadeiro Monge Jedi incorpora tudo isso e, como os Cavaleiros Jedi, pratica o que o taoísmo chama de "fazer sem esforço".

- Um verdadeiro Monge Jedi corresponde ao verdadeiro Cavaleiro Jedi em virtude, autodisciplina e em todos os outros aspectos, exceto que os Monges Jedi não empunham sabres de luz.

E, acima de tudo, cada um pratica a paciência, confiando no lento processo de santificação ou tornando-se um com a Força, confiando na obra do tempo.

Que o Espírito esteja com você!

11

Perseverança e vontade própria

Há uma enorme diferença entre fé e perseverança enraizadas na boa vontade, por um lado, e teimosia e obstinação enraizadas na vontade própria, por outro. Às vezes, a diferença pode ser extrema; outras vezes, sutil. Há momentos em que a boa vontade e a vontade própria são de curta duração, e há casos em que uma atitude prevalece no decorrer de toda a vida. De qualquer forma, as consequências das decisões tomadas em uma ou outra disposição podem ser profundas.

Nesta reflexão, ofereço dois exemplos históricos de homens famosos e influentes — São Paulo e Mohandas Gandhi — cujas vidas demonstram que decisões tomadas com uma atitude de boa vontade ou vontade própria podem ter consequências extensas, afetando até mesmo a vida de milhões de pessoas e a própria história. Do ponto de vista da vida espiritual, podemos estudar suas opiniões e decisões e os resultados decorrentes, a fim de tentar reconhecer quão íntima é a conexão entre a vontade própria e a vida segundo a carne, por um lado, e a boa vontade e a vida segundo o espírito, por outro (Romanos 8,5).

Em 1940, Gandhi disse: "A palavra *derrota* não está no meu vocabulário." No entanto, um pequeno estudo de sua vida, usando fontes respeitáveis, mostra que ele experimentou muitas derrotas, grandes e pequenas. O sabor da derrota e da decepção deve ter estado em sua boca em 1912, quando disse: "Quão desprezíveis são meus compatriotas." Sua experiência de luta e fracasso e a discórdia entre os políticos da Índia de sua época devem tê-lo levado a dizer, em 1929: "Orai a Deus para nos livrar da maldição da desunião."

Suas piores derrotas, no entanto, ainda estavam por vir. Durante a divisão da Índia, à qual ele se opôs, e a criação da nova nação do Paquistão, hindus e muçulmanos migraram para dentro e para fora do território designado como Paquistão, resultando em extensa violência étnica e religiosa. Gandhi trabalhou para mitigar a violência, mas muitos de ambas as religiões perderam suas casas e meios de subsistência e alguns perderam até mesmo suas vidas, apesar de seus melhores esforços.

Se Gandhi sabia muito sobre derrota, ele também sabia algo sobre fracasso pessoal. Em 1940, ele disse: "Existe algum homem que não fracasse?" O movimento da Índia em direção à independência da Grã-Bretanha foi difícil, e Gandhi não teve o benefício da retrospectiva. Mas hoje, muitos historiadores acreditam que seus objetivos irrealistas (por exemplo, seu desejo de devolver a Índia a uma era pré-industrial e sua insistência em que a maioria dos cidadãos da Índia vivessem uma vida simples, de trabalhos manuais) — por mais bem-intencionado que ele possa ter sido — contribuíram para o sofrimento e a turbulência da época. Gandhi agarrou-se firmemente a políticas idealistas, mas impraticáveis, e não estava disposto a ceder durante os debates políticos antes da divisão. Se ele tivesse feito algumas concessões, a divisão e a violência (com perda de vidas e propriedades) que se seguiram poderiam ter sido evitadas. Em um documentário da BBC sobre Gandhi, um cidadão indiano admitiu o que talvez seja uma visão típica de muitos cidadãos da Índia: "As ideias de Gandhi não funcionam."

No entanto, se há casos de intransigência na vida de Gandhi, há também um legado de perseverança paciente e ação comprometida diante da injustiça, e é por isso que ele será lembrado para sempre. Sua prática do Satyagraha — resistência não violenta e devoção à verdade — desafiou o governo das autoridades civis britânicas e ajudou a preparar o terreno para a independência da Índia. Ironicamente, Gandhi foi influenciado pelo transcendentalista americano Henry David Thoreau no desenvolvimento de sua compreensão do Satyagraha. Thoreau escreveu *Desobediência civil,* um pequeno ensaio publicado pela primeira vez em 1849, vinte anos antes do nascimento de Gandhi. Se estivesse vivo, Thoreau teria olhado para as manifestações não violentas de Gandhi com grande satisfação.

Ao afirmar que não admitiria a palavra *derrota* em seu vocabulário, Gandhi está indicando sua disposição de perseverar apesar dos contratempos e dificuldades. Ele compartilhava essa qualidade com seu contemporâneo e adversário político, o indomável Winston Churchill, ele próprio um modelo de perseverança e inflexibilidade, que proferiu estas palavras em 1941:

> Esta é a lição: nunca ceda, nunca ceda... Nunca ceda a não ser a convicções de honra e bom senso... Só temos que perseverar para conquistar.

~

Nos escritos do Novo Testamento, vemos evidências da teimosa vontade própria de um judeu ortodoxo chamado Saulo, que acabou dando lugar à perseverança paciente de um cristão chamado Paulo e sua disposição de suportar dificuldades pela causa de Cristo. Segundo ele mesmo admite, Saulo perseguia vigorosamente a incipiente Igreja cristã antes de sua conversão, a caminho de Damasco. Depois de consentir com o assassinato de Estêvão, dirigiu-se ao sumo sacerdote em Jerusalém e "pediu-lhe cartas para as sinagogas de Damasco, com o fim de levar presos a Jerusalém todos os homens e mulheres que achasse seguindo essa doutrina" (Atos dos Apóstolos 9,2). Foi nessa jornada que Paulo experimentou sua famosa conversão.

A mudança drástica de perseguidor fariseu para missionário cristão colocou Paulo em um caminho de conflito, controvérsia e, por fim, de uma morte violenta. Suas primeiras batalhas foram travadas em Damasco para ganhar a aceitação e a confiança de outros judeus cristãos.

> Todos os seus ouvintes pasmavam e diziam: "Este não é aquele que perseguia em Jerusalém os que invocam o nome de Jesus? Não veio cá só para levá-los presos aos sumos sacerdotes?" (Atos dos Apóstolos 9,21)

O testemunho público de Paulo sobre Jesus como o Messias apenas o afastou de antigos amigos e aliados. Os "judeus" — aqueles que não aceitaram Jesus como o Messias e permaneceram fiéis à tradicional Lei Mosaica — se opuseram ferozmente à sua conversão, que eles naturalmente viam como uma traição ao judaísmo ortodoxo. A aparente apostasia de Paulo lhe rendeu uma censura tão forte que "os judeus deliberaram, em conselho, matá-lo. Essas intenções chegaram ao conhecimento de Saulo" (Atos dos Apóstolos 9,23–24). Com a ajuda de outros judeus cristãos, Paulo conseguiu escapar pelos muros de Damasco e retornar a Jerusalém.

Os inimigos que Paulo fez dentro do judaísmo ortodoxo, não só em Damasco, mas em toda a diáspora, foram para toda a vida. Uma vez em Jerusalém, ele novamente teve dificuldade em ganhar a confiança de outros judeus cristãos e, mais uma vez, enfrentou a hostilidade de judeus tradicionais, que não aceitavam sua conversão. Um novo conjunto de controvérsias surgiu de uma facção dentro da Igreja cristã primitiva, os judaizantes, que insistiam na circuncisão de homens adultos convertidos e na estrita adesão à Lei Mosaica.

Comecei esta reflexão afirmando que há uma enorme diferença entre fé e perseverança enraizadas na boa vontade, por um lado, e teimosia enraizada na vontade própria, por outro. Nas Escrituras, encontramos a mesma ideia em João 3,6: "O que nasceu da carne é carne, e o que nasceu do Espírito é espírito." A perseverança fiel é do espírito, enquanto a obstinação é da carne, que é tudo o que se opõe à graça. A primeira está enraizada na benevolência; a segunda, em algo mais próximo da má vontade. O espírito operava em Paulo, a carne em Saulo.

O homem Saulo era um assassino cujo coração estava repleto de orgulho religioso. Em sua arrogância, ele justificava o assassinato de Estêvão e os maus-tratos de outros cuja única ofensa era aceitar Jesus como o Messias. Sua observância da Torá e suas centenas de preceitos justificavam, em sua mente, a violação de um dos dez grandes mandamentos da Lei Mosaica: "Não matarás" (Êxodo 20,13). Em sua vontade própria cega e sua intransigência, ele era incapaz da verdadeira caridade, enquanto "respirava ameaças e morte" (Atos dos Apóstolos 9,1), o que contradiz totalmente os dois maiores mandamentos.

O homem Paulo, por outro lado, demonstrou um tipo virtuoso de longanimidade e perseverança paciente que elimina o interesse egoísta. Paulo demonstrava um espírito de sacrifício em seu serviço a Deus que só poderia estar enraizado em uma missão e uma vocação divinamente inspiradas. Em suas próprias palavras:

> Cinco vezes recebi dos judeus os quarenta açoites menos um. Três vezes fui flagelado com varas. Uma vez apedrejado. Três vezes naufraguei, uma noite e um dia passei no abismo. Viagens sem conta, exposto a perigos

nos rios, perigos de salteadores, perigos da parte de meus concidadãos, perigos da parte dos pagãos, perigos na cidade, perigos no deserto, perigos no mar, perigos entre falsos irmãos! Trabalhos e fadigas, repetidas vigílias, com fome e sede, frequentes jejuns, frio e nudez! Além de outras coisas, a minha preocupação cotidiana, a solicitude por todas as igrejas! Quem é fraco, que eu não seja fraco? Quem sofre escândalo, que eu não me consuma de dor? (II Coríntios 11,24–29)

Viver no espírito é uma fonte de vida e graça, enquanto viver na carne leva à ruína. Pode haver uma linha tênue entre a santa perseverança e a inflexibilidade enraizada na vontade própria, que Paulo aparentemente foi capaz de distinguir quando escreveu: "[A caridade] não busca os seus próprios interesses" (I Coríntios 13,5). A vontade própria é sempre interesseira de alguma forma e demonstra falta de humildade, enquanto a perseverança fiel no espírito é altruísta e centrada em Deus. A conversão de Paulo trouxe vida e graça para si e para os outros. À medida que se aproximava do fim de sua missão, pôde regozijar-se: "Combati o bom combate, terminei a minha carreira, guardei a fé" (II Timóteo 4,7).

12

Cristianismo em declínio

Uma breve revisão da literatura sobre o estado do cristianismo no mundo ocidental hoje revela resultados desanimadores. Pesquisas indicam que o número de igrejas cristãs nos Estados Unidos e na Europa está diminuindo junto com o número de adultos que frequentam as celebrações religiosas dominicais. As pesquisas realizadas com a geração mais jovem são ainda mais desalentadoras. Embora os dados não possam nos dizer conclusivamente como será a Igreja cristã no futuro, eles apontam para uma direção problemática.

Parece que o cristianismo está em uma encruzilhada. Em um mundo onde as sociedades em toda parte estão se tornando cada vez mais interconectadas, o cristianismo parece estar sofrendo de um problema de desconexão que resulta em fiéis deixando os bancos das igrejas. À medida que a ciência, a tecnologia e a erudição expandem constantemente os limites do conhecimento humano, a Igreja cristã tem lutado para manter seu conhecimento relevante em um mundo em constante evolução. Parte do desafio que o cristianismo enfrenta no século XXI é que seu conhecimento é fundamentalmente diferente do conhecimento valorizado pela sociedade secular. Além disso, a cultura cristã é amplamente determinada por suas raízes históricas, enquanto a cultura moderna está se movendo em direção a um futuro cada vez menos dependente de suas raízes históricas.

Os documentos fundadores do cristianismo são as Escrituras e os escritos dos primeiros missionários e teólogos cristãos. Sempre que a Igreja reflete sobre seus escritos sagrados e sua tradição, ela começa olhando milhares de anos para trás, para o antigo Israel e a formação das Escrituras hebraicas, ou o que conhecemos como o Antigo Testamento. A partir daí, a história cristã progride através da era apostólica e da formação do Novo Testamento, passando pela Antiguidade Tardia, a Idade Média e, finalmente, os tempos modernos. Os documentos da Igreja foram compilados ao longo dessa longa história e, uma vez que a doutrina foi firmemente estabelecida, a autoridade da Igreja tem sido historicamente resistente a mudanças no conteúdo ortodoxo aceito. Isso é necessário quando se trata da revelação divina, pois o Espírito Santo revela verdades que não podem ser mudadas. Assim como as outras grandes religiões mundiais, o cristianismo é fundamentado em sua história e adere firmemente aos seus documentos sagrados.

Os documentos do mundo, por outro lado, sejam eles relativos à ciência, ao governo ou a qualquer outro ramo do conhecimento, estão sujeitos a modificação, revogação e relegação à lixeira da história. Teorias, sistemas sociais, constituições, tratados e afins vêm e vão. Novos documentos são criados e os antigos são modificados ou abolidos. Livros outrora revolucionários se tornam desatualizados e ficam esquecidos nas prateleiras empoeiradas das bibliotecas. A vida segue em frente, e o mundo também.

Essa dinâmica entre o conhecimento amplamente duradouro e metafísico do cristianismo e o conhecimento mutável e principalmente material do mundo secular promove uma desconexão preocupante, que intensifica uma dissonância cultural. A Igreja costuma ter uma mentalidade histórica, refletindo e preservando sua tradição e olhando para o passado em busca de seu conhecimento. Demonstrou uma tendência histórica a resistir à mudança, às vezes de forma contundente, e não aceitou prontamente a explosão de conhecimento iniciada com as revoluções científica e industrial. O mundo, por outro lado, está inclinado a ter visão de futuro. Busca descobertas e tecnologias que, espera-se, levem à melhoria da vida terrena. Para isso, abraça o progresso científico, industrial, econômico e social e luta incansavelmente em busca de possibilidades futuras.

Não só o conhecimento do mundo está aumentando, mas sua taxa de crescimento está acelerando, exacerbando a desconexão cada vez maior entre o conhecimento religioso e o conhecimento secular. Ninguém sabe o que a computação quântica, a inteligência artificial, a robótica, os drones e a exploração espacial um dia trarão ao mundo, mas não será favorável à Igreja. Enquanto o conhecimento secular está crescendo exponencialmente e se tornando mais interessante, atraente e lucrativo, o conhecimento religioso é fundamentalmente estático, pois deixa pouco espaço para a inovação. Mesmo que haja algum espaço para o desenvolvimento da doutrina, há muitos ensinamentos que jamais poderão ser alterados sem que se mude a natureza do próprio cristianismo.

O cristianismo, para o bem ou para o mal, está firmemente enraizado em sua história e, por vezes, é dominado por ela. Enquanto alguns membros da Igreja, especialmente suas autoridades, têm amplo conhecimento da história e tradição cristãs, a maioria das pessoas na sociedade não lê ou estuda história, muito menos a história da Igreja, e sabe muito pouco sobre ela. A maioria dos cristãos sabe ainda menos sobre as raízes históricas de Israel e como o Antigo Testamento se desenvolveu, e também conhece pouco sobre a história do mundo mediterrâneo durante o século I d.C., quando o Novo Testamento estava sendo escrito. Embora o cristianismo esteja mergulhado na história, a maioria dos cristãos não consegue situar a Bíblia em seu contexto histórico.

Essa lamentável desconexão entre a Igreja e o mundo, no que diz respeito ao conhecimento, à história e à cultura, existe dentro da própria Igreja. Se alguém se aprofundasse na leitura da história popular da Igreja e depois se voltasse para livros escritos por historiadores profissionais, encontraria um mundo diferente. Da mesma forma, aqueles que leem literatura hagiográfica podem se inspirar e se aproximar de Deus em sua vida espiritual, mas também podem saber muito pouco sobre a história da civilização ocidental, assim como aqueles que leem lendas arturianas podem entender muito pouco do mundo medieval real.

Quando a Igreja não está olhando para uma época anterior, ela dá mais atenção à vida eterna do que ao mundo temporal de amanhã. O mundo, por outro lado, se concentra em eventos contemporâneos e na vida terrena futura, e até mesmo na vida humana em Marte, muito mais do que considera a antiguidade e a vida após a morte. A cultura secular tem raízes históricas, mas esforça-se para se libertar dessas raízes e lançar-se nos horizontes aparentemente intermináveis das possibilidades do amanhã.

Conhecimento, história e cultura são as principais áreas de desconexão entre o cristianismo e o mundo, mas qual prevalecerá? Será que a cultura e a doutrina cristãs de alguma forma reverterão a tendência atual e por fim triunfarão sobre seu rival secular moderno, ou as sociedades atuais, em constante evolução, persistirão em deixar o cristianismo de lado, talvez um dia tornando-o arcaico, enquanto o mundo continua sua marcha implacável de progresso, praticamente sem obstáculos, em direção a um futuro de sua própria criação? Ou talvez haja um meio-termo, feliz ou não, onde o cristianismo sobreviva como uma Igreja menor, mas não necessariamente mais pura.

No entanto, estar em uma encruzilhada não é novidade para o cristianismo. Ele esteve nesse lugar muitas vezes nos últimos dois mil anos, mas sempre sobreviveu. Embora haja motivos para pessimismo, ainda há motivos para esperança.

Charles Darwin escreveu, certa vez: "Não são as espécies mais fortes que sobrevivem, nem as mais inteligentes, mas as que mais respondem à mudança." Para que a Igreja cristã sobreviva durante o século XXI, resiliência e adaptabilidade serão tão necessárias quanto força e inteligência. O problema fundamental da Igreja no mundo moderno é que ela geralmente está atrasada em relação aos tempos e é arrastada pelo movimento dos eventos contemporâneos para um futuro que ela tem o hábito de resistir e rejeitar. Mas o tempo é essencial agora, e o futuro não está tão longe. Para que o cristianismo floresça, ele deve se adaptar e ser sensível à mudança. Não estou defendendo uma mudança na doutrina, mas mudanças na pregação e no culto público devem ser consideradas.

13

Cinco sugestões

Problemas não são derrotas e desafios não são fracassos. Nenhum sucesso em qualquer empreitada, grande ou pequena, foi alcançado sem resolver problemas e superar obstáculos. Todos nós fazemos isso todos os dias de nossas vidas. O fracasso só ocorre quando somos incapazes de resolver nossos problemas, e a derrota só acontece quando somos superados por nossos desafios.

Os problemas que o cristianismo enfrenta hoje não são insolúveis, nem os obstáculos são intransponíveis. O que parece ser uma fraqueza às vezes pode ser transformado em força, ou pelo menos em uma oportunidade de crescimento. O desafio no século XXI será manter a mensagem cristã relevante em um mundo em evolução e, com alguma criatividade, retidão e disposição para se adaptar, o cristianismo ainda pode prosperar.

Ofereço aqui cinco sugestões que irão melhorar a pregação e o culto público e ajudar a conter, se não reverter, o declínio na frequência à igreja:

1. *O culto público deve ser um momento de oração, e não de performance.*

O mundo tem muitos eventos, shows e outras formas de entretenimento com as quais a Igreja não pode e não deve competir. Contudo, a Igreja oferece oração pública e privada e uma experiência com Deus que leva à salvação, e isso é algo que o mundo geralmente não oferece.

As celebrações festivas e triunfantes da Igreja, que às vezes se tornam barulhentas, no entanto, não propiciam a oração e nem competem bem com as celebrações e festividades do mundo. O ministro não deve desempenhar o papel de um artista, mas de líder da oração comum, e a música deve visar a oração, e não ser voltada para a performance. Deus deve sempre permanecer o centro das atenções na oração pública, assim como ele é na oração privada, e a tentação de ofuscá-lo como o centro das atenções deve ser evitada. A Igreja cristã pode aprender muito com a forma monástica de oração comunitária.

2. *A chave para uma evangelização bem-sucedida é uma pregação melhor.*

Quando as pessoas vão à igreja, elas buscam uma experiência direta com Deus, uma experiência numinosa, algo de outro mundo que dê significado à prática da religião organizada. A pregação que é feita para evocar uma resposta calorosa e emocional, mas não fornece estímulo intelectual, muitas vezes se torna pouco inspiradora e até insípida. A pregação construtiva é mais do que dar outra palestra sem graça sobre alguma ideia básica da vida cristã. As pessoas querem criatividade, originalidade e conteúdo intelectual novo. Da mesma forma, pregar jargões teológicos e fazer malabarismos com metáforas, símbolos e imagens bíblicas nunca pode substituir o conhecimento adquirido a partir de estudos históricos e bíblicos confiáveis. Uma Igreja de sinais e símbolos não pode esperar manter seus membros em um mundo moderno de ideias concretas. Devemos ser uma Igreja de aprendizado autêntico, que a sociedade contemporânea considere revigorante.

A chave para uma pregação melhor é incorporar fontes de fora da teologia, do estudo das Escrituras e da espiritualidade cristã. O mesmo estilo e formulações, por mais verdadeiros e saudáveis que sejam, produzirão os mesmos resultados. Acredita-se que Albert Einstein tenha dito que insanidade é fazer a mesma coisa repetidamente e esperar resultados diferentes. Se esperamos ter uma nova evangelização, então teremos que tentar algo novo. Talvez o Papa Francisco tivesse esse sentimento em mente quando escreveu:

> A homilia é o critério para julgar a proximidade e a capacidade de comunicação de um pastor com seu povo. Sabemos que os fiéis lhe atribuem grande importância e que eles e os seus ministros ordenados sofrem por causa das homilias: os leigos, por terem que ouvi-la, e o clero, por ter que pregá-la! É triste que seja assim. A homilia pode, na verdade, ser uma experiência intensa e feliz do Espírito, um encontro consolador com a Palavra de Deus, uma fonte constante de renovação e crescimento.

3. *O discurso público não precisa ser longo para ser eficaz.*

O conselho de Franklin Delano Roosevelt para seu filho em relação a falar em público foi: "Seja sincero, seja breve, seja focado." O discurso de Lincoln em Gettysburg contém apenas 272 palavras e levou dois minutos para ser proferido, mas é lembrado como um dos maiores discursos da história americana. Edward Everett, que precedeu Lincoln e falou por duas horas, disse a Lincoln depois: "Eu gostaria de poder me gabar por ter chegado tão perto da ideia central da ocasião, em duas horas, como você fez em dois minutos." Ambos os presidentes são reconhecidos como dois dos maiores oradores públicos da história americana, e seus conselhos e exemplos sobre a brevidade de falar em público valem tanto hoje quanto quando estavam no cargo. Talvez eles tenham entendido que: "Não pode faltar o pecado num caudal de palavras; quem modera os lábios é um homem prudente" (Provérbios 10,19).

4. *Quem prega deve ler.*

Os pregadores estariam realizando um ato de caridade para consigo mesmos e suas congregações se lessem uma hora por dia e mantivessem um caderno com anedotas e informações importantes que pudessem ser usadas em suas homilias e sermões. As congregações se beneficiariam com a leitura de seus pastores. Pregar teologia, Escritura e espiritualidade cristã é necessário, mas também é possível extrair ideias sobre a condição humana a partir de outras disciplinas. Livros escritos por historiadores profissionais, particularmente os de Oxford e Cambridge e autores britânicos em geral, são mais gratificantes. Os estudantes de história não são excessivamente voltados para o passado, mas voltam-se para o futuro, e costumam concordar com a crença de que "a história não se repete, mas rima". Há outros assuntos que valem a pena ler, incluindo eventos atuais, e a psicologia pode ser especialmente útil, embora esses livros devam ser escolhidos com cautela.

Ao fazer essa sugestão, não quero sugerir que sermões e homilias sejam sobre história, psicologia, atualidades ou qualquer outro assunto. Apenas sugiro que homilias e sermões sobre temas cristãos sejam inspirados e enriquecidos pelo aprendizado do pastor em outras disciplinas, e que a dedicação a um cronograma de leitura, de modo geral, melhoraria substancialmente a qualidade da pregação na Igreja. Não há como discordar de Santo Ambrósio, Padre da Igreja, quando ensina: "Aquele que muito lê e muito compreende, enche-se por completo. Aquele que está cheio, nutre os demais."[2]

No entanto, a leitura leva tempo e, para alguns, implicará uma mudança de vida. Essa é a parte difícil. É aqui que devemos invocar o espírito de sacrifício do cristianismo. Ler uma hora por dia enquanto se faz anotações é pedir muito aos pastores cujas agendas estão repletas de obrigações e eventos. O ministério demanda tempo, e a tendência de diminuição das vocações

---

[2] Adaptado da *Liturgia das Horas*, Ofício das Leituras, 7 de dezembro, Memória de Santo Ambrósio.

intensifica o problema. O fardo do sacrifício não deve recair apenas sobre os ministros, mas os fiéis também devem fazer concessões. Os leigos devem ser aconselhados a fazer apenas pedidos razoáveis aos seus pastores e ministros. Muitas "obrigações" sociais poderiam e deveriam ser dispensadas em favor da leitura e do desenvolvimento pastoral, e há "ministérios" que são redundantes e desnecessários. Se as igrejas fizessem um esforço para explicar isso às suas congregações, a grande maioria dos fiéis cumpriria e faria apenas pedidos razoáveis a seus pastores, com a esperança de que a pregação melhorasse.

5. O conteúdo intelectual deve ser elevado.

Uma idosa certa vez aconselhou um ministro recém-ordenado a "baixar um pouco o nível". Se ela pretendia baixar o nível de suas homilias, então esse não foi um bom conselho. Os idosos que participaram fielmente das liturgias e das celebrações ao longo da vida deveriam estar bem versados no ensinamento cristão. Não deveria ser necessário simplificá-lo. O filósofo e professor universitário Immanuel Kant deu um bom exemplo aos professores ao orientar suas aulas para o nível intelectual da média da turma, onde se encontra a maioria dos alunos. Os alunos mais brilhantes, conforme ele supôs, entenderão tudo o que você ensinar, e os alunos menos dotados não entenderão, por mais simples que seja a explicação. Aqui há sabedoria para os pregadores.

A pregação aos domingos deve ser voltada para as pessoas que tomam as decisões em casa e se dirigem com os outros para a igreja. A pregação dominical deve ser direcionada para a capacidade intelectual média dos adultos da congregação. Esses são os paroquianos que devemos conquistar e manter. Simplificar homilias e sermões, a menos que seja uma liturgia ou celebração infantil, não reverterá a tendência de declínio da participação na igreja. As crianças da congregação participarão com seus pais e, quer entendam ou não, acabarão crescendo intelectualmente de qualquer maneira.

Já vai longe o tempo em que o padre ou ministro era a pessoa mais instruída da sua cidade ou povoado. Não faz muito tempo, a alfabetização era restrita a indivíduos afortunados, com alguma riqueza e tempo livre. Hoje, a alfabetização é universal e os ministros têm sorte se estiverem entre as pessoas mais bem instruídas de sua paróquia. A natureza igualitária do conhecimento no século XXI teria sido impensável para as gerações anteriores.

Homilias e sermões devem ser adaptados à congregação para a qual são entregues, e as pessoas no mundo moderno são inteligentes e bem-informadas. É preciso tempo e trabalho duro para escrever um bom discurso público. Certa vez, Winston Churchill admitiu que passou dezoito horas se preparando para um discurso de quarenta e cinco minutos no Parlamento. Isso equivale a vinte e quatro horas de preparação para cada hora falando em público. Talvez isso esteja fora do alcance da maioria dos ministros, mas Churchill também era um homem ocupado!

~

Ofereci cinco sugestões significativas nesta reflexão que, se adotadas pelos líderes da Igreja e promulgadas dentro de suas congregações, seriam bem-vindas e abraçadas pela maioria dos paroquianos e teriam efeitos benéficos e de longo alcance. Os evangelistas devem melhorar a divulgação da mensagem cristã a uma congregação em evolução, ou a frequência às igrejas continuará diminuindo no mundo ocidental. Isso exigirá adaptação e novas técnicas.

É preciso ser uma pessoa forte para ser adaptável e resiliente, e como Churchill disse certa vez: "No fim, a batalha deve ser para os fortes."

14

Introdução à vida espiritual, Parte 3

Todos nós já fomos à "escola dos momentos difíceis" uma vez ou outra. Alguns de nós tivemos o cuidado de estudar suas lições, e alguns de nós seguimos em frente antes de absorvê-las. Muitas dessas lições só podem ser ensinadas na escola dos momentos difíceis e em nenhum outro lugar. A sabedoria, ou viver de acordo com as realidades da existência, é uma questão de conhecimento e experiência, e nem toda experiência pode ser adquirida em um ambiente formal de sala de aula. A escola dos momentos difíceis é um lugar de aprendizado e crescimento. Onde estaríamos sem ela?

Os monges beneditinos têm outra escola de aprendizado e crescimento que São Bento chama de "escola do serviço do Senhor". Essa escola também envolve momentos difíceis. Aqueles que trilham o caminho do verdadeiro discipulado frequentam ambas as escolas, e é aqui que eles recebem formação em integridade e santidade.

O verdadeiro discipulado, ou a prática da religião, envolve duas categorias principais: fé e moral. A palavra *fé* tem três significados: (1) um dom infundido por Deus diretamente em nossa alma no batismo, juntamente com a esperança e a caridade; (2) uma virtude, e como todas as outras virtudes, se fortalece quando praticada e se atrofia quando é negligenciada; e (3) o ensino doutrinário, ou religião em geral, como exemplificado na "fé cristã" ou na "prática da própria fé".

Algumas pessoas não têm fé ou a perdem porque acham que não têm bases intelectuais para crer em Deus. Elas devem saber que há três coisas cuja existência não pode ser provada usando apenas a razão humana: Deus, a alma humana e a vida após a morte. Os teólogos elaboraram "argumentos convergentes e convincentes"[3] que sustentam a existência dos três, mas às vezes a única maneira de crer em Deus é se ajoelhar e orar. A fé em Deus é mais uma questão de viver uma vida de fé, voltar-se para Deus e tratá-lo como se ele existisse do que tentar obter provas intelectuais de sua existência.

Pode-se ter percebido nesta breve introdução à vida espiritual que ela possui uma espécie de natureza dualista. O Salmo 1 fala de dois caminhos na vida: o caminho dos justos e o caminho dos ímpios. Se essa tendência dualista da vida espiritual a faz parecer simplista, pense novamente. Lembre-se de que, em sua base fundamental, os computadores operam em um sistema binário (1 e 0) e há um universo de complexidade que surge a partir desse dualismo. Da mesma forma, a vida espiritual pode parecer simples, mas é muito complexa, e a vida humana não é nada simples ou simplista. Acredita-se que Einstein tenha dito que a

---

[3] *Catecismo da Igreja Católica*, n.31.

definição de gênio é pegar o complexo e torná-lo simples, e que se você não pode explicar algo em termos simples, na verdade você não o entende. O conhecimento não precisa ser abstruso para ser profundo. Mais adiante, direi mais a respeito da natureza dualista da vida espiritual.

Na verdade, o conhecimento da vida espiritual é o conhecimento mais importante que se pode possuir. Ele não paga as contas da maioria das pessoas, mas nos ajudará a obter a salvação — e existe algo mais importante na vida do que garantir a salvação eterna?

A ciência da vida espiritual é a ciência da salvação. Em nossa visão limitada, muitas vezes vemos apenas o que é importante para nós em nossas vidas terrenas, e embora as realidades terrenas tenham importância temporal, as realidades eternas e espirituais deveriam estar no topo de nossa lista de prioridades. É fácil perdermos de vista considerações aparentemente remotas quando há tantas exigências que requerem a nossa atenção imediata. Mas, se passamos anos nos preparando para a aposentadoria, não deveríamos também nos preparar para a eternidade, que durará infinitamente mais tempo?

Devemos sempre entender nossas prioridades na vida de forma clara, pois as prioridades têm um efeito determinante no nosso comportamento. Os relacionamentos devem ser nossa maior prioridade, acima de tudo, o nosso relacionamento com Deus. Os psicólogos nos dizem que se conectar com os outros leva à felicidade, então parece que a necessidade de se conectar faz parte da natureza humana. Entretanto, também faz parte da nossa natureza sermos seres religiosos, o que significa que precisamos nos conectar com Deus ainda mais do que com outros humanos. Conectar-se com Deus, na verdade, leva à maior felicidade possível, bem como à salvação eterna. Podemos não experimentar essa felicidade a curto prazo, e a cruz é sempre parte do discipulado autêntico. Mas se nossas prioridades estiverem alinhadas corretamente, devemos estar dispostos a adiar a gratificação no serviço de Deus e em prol de nosso bem-estar eterno e daqueles a quem Deus nos chama a servir.

> **Princípio espiritual n.º 9**: Os relacionamentos são a prioridade mais importante na vida, especialmente nosso relacionamento com Deus.

Vários santos ensinaram que não há nada pequeno na vida espiritual. Há muita coisa, por outro lado, que não é importante e até trivial em nossas vidas terrenas e não importará no juízo final. Pequenas coisas significam muito na vida espiritual. Pequenos atos de caridade, perdão, abnegação, bondade. Pequenas vitórias sobre o mal se somam porque atos formam hábitos, e hábitos formam disposições, e disposições formam caráter e, segundo o filósofo grego Heráclito, caráter é destino. O livre-arbítrio tem uma característica autodeterminante. Moldamos o tipo de pessoa que nos tornamos e participamos da nossa própria formação.

> **Princípio espiritual n.º 10**: Não há nada pequeno na vida espiritual.

Princípio espiritual n.º 11: Atos formam hábitos, hábitos formam disposições, disposições formam caráter, e caráter é destino.

O começo é o mais importante. Com isso, quero dizer que, se começarmos bem, metade da batalha está ganha; mas se procrastinarmos ou tomarmos atalhos no início, estaremos sempre em desvantagem.

São Bernardo tinha o hábito de dizer a si mesmo regularmente que agora era o momento em que começaria a viver a vida espiritual, e São João Vianney dizia todas as manhãs, ao levantar-se, que tinha que começar tudo de novo na vida espiritual. Toda jornada começa com o primeiro passo, e a jornada para o reino de Deus começa sempre hoje, sempre no momento presente. Jean Pierre de Caussade ensinou que cada momento presente é um sacramento da presença de Deus.

15

A amizade com Deus

No Gênesis, Deus nos diz que não é bom que o homem esteja só (2,18). Ele disse isso a Adão no Jardim do Éden antes de criar Eva para ser sua companheira. A interpretação estrita dessa passagem refere-se ao casamento entre homem e mulher, mas há uma interpretação mais geral que também se aplica: não é bom para uma pessoa ficar sem companhia, não importa de que tipo.

Os seres humanos são, por natureza, criaturas comunitárias, sociais e relacionais, e sabemos que nenhuma pessoa é uma ilha. Sendo assim, interpreto Gênesis 2,18 no sentido de que todos os seres humanos deveriam ter pelo menos uma pessoa em quem possam confiar. Essa interpretação corresponde a Tiago 5,16, que aconselha os membros da Igreja primitiva a "confessarem seus pecados uns aos outros", não porque seja útil para a comunidade conhecer os pecados dos outros, mas porque é benéfico para aqueles que os confessam. Aqueles que já procuraram aconselhamento sabem que simplesmente contar seus problemas a outra pessoa tem em si uma propriedade curativa, mesmo que não haja nada que o conselheiro possa dizer ou fazer para resolver o problema ou aliviar o sofrimento psíquico. Dizer e contar, na psicologia e na vida espiritual, equivalem a curar.

Indo um passo além, Gênesis 2,18 também pode se aplicar à amizade. Não é bom para uma pessoa ficar sem amigos, pois a amizade é uma necessidade humana universal e um dom da mais alta ordem. Isso se aplica também ao Senhor em sua natureza humana, pois a amizade é uma necessidade e um dom para ele tanto quanto para nós.

Em Eclesiástico, lemos:

> Um amigo fiel é uma poderosa proteção: quem o achou, descobriu um tesouro.

> Nada é comparável a um amigo fiel, o ouro e a prata não merecem ser postos em paralelo com a sinceridade de sua fé. (6,14–15)

~

A palavra *temor* nas Escrituras, em referência a Deus, significa respeito reverencial que gera admiração e obediência. Aqueles que temem a Deus, que genuinamente o respeitam e obedecem, são geralmente pessoas boas de coração e procuram viver de acordo com o Evangelho. Eles obedecem aos mandamentos e, acima de tudo, aos dois Grandes Mandamentos que são o resumo de toda a vida cristã. São pessoas que participam, em certo grau, da vida e da santidade de Deus. As pessoas que temem ao Senhor fazem verdadeiros amigos. Novamente, em Eclesiástico, lemos:

> Quem teme o Senhor terá também uma excelente amizade,
> pois seu amigo lhe será semelhante. (6,17)

A segunda parte desse versículo refere-se à ideia de que nos tornamos semelhantes às nossas companhias (Provérbios 13,20; I Coríntios 15,33). Isso aponta para nossa natureza maleável como criaturas e que somos moldados para o bem ou para o mal, em parte através de condicionantes sociais e fatores ambientais.

A natureza divina, por outro lado, é imutável, e isso é uma coisa boa, considerando algumas das companhias que Jesus manteve durante sua vida terrena. Ele veio chamar os pecadores, não os justos (Marcos 2,17), e chamar os pecadores significa associar-se a eles e até formar amizades com eles. Em Lucas, lemos:

> Pois veio João Batista, que nem comia pão nem bebia vinho,
> e dizeis: Ele está possuído do demônio. Veio o Filho do
> Homem, que come e bebe, e dizeis: Eis um comilão e
> beberrão, amigo dos publicanos e libertinos. (7,33–34)

Jesus é amigo dos cobradores de impostos e dos pecadores, mas não se torna como eles. A amizade que ele oferece tem o propósito de capacitá-los a se tornarem mais semelhantes a ele e, por fim, torná-los santos e, se possível, santos-heróis. Cristo oferece sua companhia aos cobradores de impostos e pecadores para que, um dia, possam retribuir a amizade de Deus.

Todos nós somos chamados à amizade com Deus e, quando consideramos a questão, existe vocação ou missão maior do que ser um verdadeiro amigo de Deus nesta vida e na próxima?

Verdadeira amizade e companheirismo cristão

Virtude Moral	Virtude Intelectual
Boa vontade	Orientação ao conteúdo
Caridade efetiva	Substância
Altruísmo	Aprendizado
Convivência compartilhada	Conhecimento
Senso de pertencimento	Verdade
Ajuda e apoio mútuos	Compreensão
Beneficência	Sabedoria
Confiança (a base de todos os	Prudência
relacionamentos humanos)	Inteligência

Falsa amizade e companheirismo não-cristão

Vício Moral	Vício Intelectual
Má vontade	Trivialidade
Malícia	Frivolidade
Maleficência	Vacuidade
Egoísmo	Superficialidade
Narcisismo	Insensatez
Individualismo	Vazio
Antipatia	Vaidade
Antagonismo	Sensualidade
Isolamento	Hedonismo
Solidão	Mentiras e enganos
Desconfiança	Irracionalidade

16

Introdução à vida espiritual, Parte 4

Muito se escreveu na tentativa de fornecer uma explicação adequada para a existência do mal no mundo, como se tal relato pudesse aliviar pelo menos parte da ansiedade e da tristeza que a humanidade experimenta por causa dele. Na vida espiritual, fazemos distinção entre o mal moral, que é o mal cometido por seres racionais (humanos e anjos) e inclui algum tipo de falha moral; e o mal natural, que ocorre no mundo natural e inclui desastres como furacões, tornados e vulcões. O segundo cabe às ciências explicar, enquanto o primeiro está no âmbito da religião, da filosofia e do direito.

Lembre-se de que os filósofos gregos do mundo antigo ensinavam que o mal é a privação de um bem que deveria existir, mas está ausente. O bem que falta, de acordo com a tradição espiritual cristã, é a graça e a virtude, de modo que a existência do mal moral no mundo depende de as pessoas escolherem o vício em vez da virtude e a vontade de Deus em vez da vontade própria. O cerne da escolha individual está localizado no livre-arbítrio, que tem a capacidade de escolher entre o bem e o mal. A substância da resposta cristã para o problema do mal no mundo sempre foi que Deus dotou cada pessoa de livre arbítrio e que o mal existe no mundo porque as pessoas o escolhem.

A genialidade, como Einstein dizia, está em tornar simples as coisas complexas, mas essa resposta não satisfaz totalmente a nossa necessidade de saber por que o mal existe no mundo. O livre-arbítrio é uma faculdade de escolha, mas não explica como escolhemos ou por que escolhemos. A resposta a esse enigma é complexa e será para sempre um objeto de pesquisa e especulação nas ciências psicológicas e na espiritualidade, mas uma breve explicação é fornecida na teologia cristã:

Princípio espiritual n.º 12: A vontade sempre escolhe o bem.

O bem aqui não é necessariamente o bem verdadeiro. A faculdade do intelecto identifica o que *acredita* ser bom através da cognição, mas o intelecto humano é tão propenso ao erro quanto a vontade humana. A distinção aqui é entre o bem autêntico e um bem percebido, ou aquele que *parece* ao intelecto ser bom, mas é ilusório e enganoso. A vontade age sobre essa determinação do intelecto e sempre escolhe o que percebe ser o bem, mesmo que seja um falso bem. A percepção sempre precede o julgamento. Assim, quando as pessoas escolhem o vício e o mal, elas o fazem porque percebem algum bem nele, mesmo que seja apenas um bem ilusório ou egoísta.

Então, como a vontade e o intelecto são enganados? Embora as ciências psicológicas ofereçam um vasto conhecimento sobre esse assunto, três razões são proeminentes do ponto de vista da vida espiritual: (1) as paixões, (2) o uso indevido da razão humana ou a má tomada de decisões, e (3) o hábito de errar e pecar.

A palavra *paixão* é definida como: (1) um forte sentimento ou emoção, (2) um forte interesse ou desejo, e (3) um tempo de intenso sofrimento, geralmente referindo-se à Paixão de Cristo, mas às vezes a santos e pessoas santas que sofrem em união com Jesus e em imitação a ele. Como sentimento ou desejo, as paixões são neutras em si mesmas, mas podem ser direcionadas para fins virtuosos ou viciosos. Na literatura espiritual cristã, a palavra *paixão* é frequentemente usada no sentido pejorativo e envolve estar excessivamente apegado a algo. Um exemplo bíblico desse uso vem de São Paulo, quando ele se refere às paixões e concupiscências da carne (Gálatas 5,24).

A paixão do ódio é particularmente difícil de entender. Ela funciona em coordenação com a paixão do amor. O amor atrai a vontade para o que o intelecto percebe como bom, enquanto o ódio causa uma aversão ao que o intelecto percebe como mau. O que significa na Bíblia quando diz que Deus "odeia" algo ou quando o "ódio" ou um sentimento semelhante é atribuído a um dos patriarcas, profetas ou outro personagem bíblico? Os comentários sobre a Sagrada Escritura definem o *ódio* na Bíblia como a preferência por uma coisa em detrimento de outra, portanto, se a Escritura diz que Deus "odeia o mal", isso deve ser interpretado no sentido de que ele prefere o bem ao mal. Algumas traduções bíblicas afirmam que Jacó odiava Lia e amava Raquel, o que significa que ele preferia Raquel a Lia como esposa e lhe demonstrava mais favor, já que a amava mais. (Gênesis 29,30–31)

Por uma questão de hermenêutica bíblica, a palavra *ódio* nem sempre é usada nas Sagradas Escrituras como é comumente usada no português, ou seja, com uma conotação negativa e até maliciosa. É verdade que, quando experimentamos o ódio externalizado, em especial quando está associado à raiva, ele é quase sempre vicioso. No entanto, quando mantido sob controle e orientado para o verdadeiro bem, pode ser direcionado para fins virtuosos. Como paixão no sentido neutro, o ódio é uma parte constituinte da natureza humana, criada por Deus para ajudar os humanos a rejeitarem uma coisa em favor de outra. É inconveniente e um tanto lamentável que a mesma palavra em português seja usada para se referir tanto à malícia quanto a uma parte natural da pessoa humana.

No segundo sentido, a palavra *paixão* pode ser usada como um forte interesse ou desejo. Eu posso ter um interesse pelo futebol, que não é moralmente censurável, mas se eu me apegar tão fortemente a ele que me leve a cometer erros ou pecar, então isso se tornou uma paixão. Jogos de azar não são moralmente censuráveis se praticados moderadamente e de forma recreativa, mas se meu hábito de jogar se tornou tão profundamente arraigado que se transformou em um vício, então eu me apeguei a ele e isso pode muito bem ser pecaminoso.

Princípio espiritual n.º 13: Todo pecado envolve um apego doentio às criaturas.

O segundo motivo pelo qual a vontade e o intelecto são enganados — isto é, o uso indevido da razão humana ou a má tomada de decisões — muitas vezes envolve as paixões. No Novo Testamento, lemos sobre as paixões egoístas e irracionais e os desejos da carne (Gálatas 5,24), e com um pouco de reflexão e alguma evidência empírica, fica claro o quão egoístas e irracionais os seres humanos podem ser.

O terceiro motivo é que o hábito de pecar e de fazer o mal obscurece e corrompe a mente, tornando mais difícil discernir o que é verdadeiramente bom e o que é ilusório e prejudicial. Os maus atos repetidos ameaçam a saúde espiritual porque deformam a consciência e distorcem o caráter moral. Nos Atos dos Apóstolos, as escamas que caíram dos olhos de São Paulo quando Ananias lhe impôs as mãos eram um sinal de cegueira física e espiritual (Atos dos Apóstolos 9,17–18). Da mesma forma, o pecado fere espiritualmente a alma, assim como as feridas físicas são sofridas no corpo. A escolha do mal prejudica os outros, mas prejudica o pecador tanto quanto ou até mais.

Princípio espiritual n.º 14: Toda rebelião leva à morte. O salário do pecado é a morte (Romanos 6,23).

O remédio para a existência do mal no mundo é a obediência à vontade de Deus, a prática da virtude moral e intelectual, a tomada de decisões acertadas, a retidão e o julgamento correto. A base de uma boa tomada de decisão é o uso correto da razão humana.

A cultura moderna muitas vezes transmite mensagens que entram em conflito com os ensinamentos cristãos tradicionais sobre a vida espiritual. Uma delas é que as sensibilidades e emoções humanas são uma base aceitável para a tomada de decisões morais. A tradição cristã, por outro lado, não recomenda as sensibilidades e emoções como uma base sólida para a tomada de decisões morais. Essa tradição e um pouco de autorreflexão nos lembram que há muitos exemplos na vida da maioria de nós em que sensibilidades e emoções se mostraram notoriamente inconfiáveis.

A razão iluminada pela graça deve ser amplamente preferida. O hábito da oração ajuda muito na obtenção da graça, e um pouco de estudo da lógica ajuda a melhorar a faculdade da razão. Além disso, as ciências psicológicas oferecem inúmeras informações úteis. Por exemplo, os pesquisadores descobriram que os especialistas em solução de problemas têm três vantagens principais em relação aos novatos: (1) eles empregam princípios de solução em vez de confiar em características superficiais, (2) eles raciocinam para frente, de premissas para conclusões, em vez de trabalhar ao contrário, a partir de ideias preconcebidas, e (3) eles usam a fragmentação, que se refere à capacidade da memória de agrupar pedaços de conhecimento.

Também é útil distinguir entre certeza absoluta e certeza moral. Houve um tempo em que os matemáticos acreditavam que a matemática newtoniana se aplicava a tudo no universo, mas matemáticos e físicos do século XX, especialmente Einstein, mudaram essa visão. Há poucas coisas na vida das quais podemos estar absolutamente certos, e o padrão para a certeza absoluta é muito elevado. A certeza moral, por outro lado, é um padrão mais fácil de alcançar. Depois de um período de reflexão e exame, e considerando todos os aspectos, se as evidências apontam em uma determinada direção, então posso atingir um nível de certeza moral sobre o assunto em questão. Posso não ter absoluta certeza, mas posso estar moralmente certo sobre a verdade ou falsidade de uma afirmação, ou sobre o acerto ou erro de uma ação.

Se é difícil aplicar o padrão da certeza absoluta à realidade física, então isso é ainda mais problemático quando se considera a realidade metafísica. Para ter uma conversa sobre teologia, é necessário concordar com a existência de três coisas que não podem ser provadas usando apenas a razão humana, mas devem ser aceitas pela fé: Deus, a alma humana imortal e a vida após a morte. O padrão da certeza moral é muito mais fácil de aplicar a essas coisas, pois tudo na vida me convence de sua existência.

17

O Caminho da Vida

Leviano e Divino encontravam-se no início do Caminho da Vida.

Sendo da mesma idade, eles estudaram juntos, tornaram-se amigos, jogaram basquete e futebol juntos, e tinham o mesmo círculo de amigos quando estavam no ensino médio.

Enquanto se preparavam para seguir caminhos distintos, eles chegaram a uma bifurcação na estrada. À esquerda, viram um largo caminho pavimentado com flores, arbustos ornamentais e árvores frutíferas. Uma placa no início do caminho dizia: "Facilidade e conforto". Outro letreiro exibia: "Deleite aos olhos". Uma terceira placa indicava: "O caminho é largo e estreito".

Leviano ficou intrigado com o significado da terceira placa.

Havia um homem parado na entrada do caminho à esquerda. Era bonito, bem apessoado, e vestia um terno fino com uma gravata escarlate e um cravo carmesim em sua lapela. Ele sorriu de maneira acolhedora. Seu nome era Abadom.

À direita, havia uma porta estreita. Nela, havia placas que diziam: "Cristo" e "Discipulado verdadeiro". Ao lado da porta, estava um homem vestido com um manto surrado e desgastado. Seus cabelos estavam despenteados, sua barba desgrenhada. Ele usava sandálias e parecia o tipo de pessoa que pedia dinheiro aos viajantes, um daqueles que não tinham muita sorte, sem muitas perspectivas.

Divino ficou intrigado com o homem à porta.

Leviano virou-se para Divino e desejou-lhe felicidades em sua jornada. Eles concordaram que se veriam novamente um dia.

Leviano virou para a esquerda e o homem, Abadom, sorriu ainda mais. Leviano começou a seguir em direção ao caminho e notou que ele era largo, plano e fácil de andar. Pedras de granito ladeavam o caminho em ambos os lados e a grama ao redor das calçadas estava aparada. As árvores davam frutos baixos que pareciam ser bons para comer. Sentia-se confiante de que havia feito uma boa escolha.

Divino aproximou-se do homem com o manto esfarrapado e empoeirado e se perguntou se ele iria pedir dinheiro. O homem aparentava e cheirava como se estivesse em uma longa jornada. De aparência empoeirada, parecia precisar de uma boa refeição e de um lugar para dormir. Quando Divino se aproximou da porta, o homem destrancou-a e abriu-a. Sem dizer uma palavra, Divino atravessou a porta em direção a um caminho estreito.

À medida que Leviano fazia seu caminho ao longo de sua jornada, começou a ver mais placas como aquelas na bifurcação da estrada. Algumas tinham setas apontando para a esquerda ou para a direita, outras não. As placas diziam: "Preguiça", "Inveja", "Orgulho" e "Luxúria". Ele as ignorou e continuou sua jornada.

Ao caminhar por algum tempo pelo caminho estreito, Divino também começou a ver placas que diziam: "Trabalho", "Dificuldade", "Paciência" e "Boa Vontade". Questionando se realmente havia tomado a decisão certa, pensava em Leviano e em como estaria se saindo. Mais adiante, viu placas com as inscrições: "Fé", "Esperança" e "Prudência". Sentindo-se um tanto consolado, ele decidiu continuar e se perguntou se o homem de roupas surradas ainda estava esperando à porta.

À medida que os meses se transformavam em anos, Leviano ultrapassou muitos marcos na vida. Casou-se e começou a constituir família. Ao longo da estrada, havia placas que diziam: "Avareza", "Superficialidade", "Futilidade" e "Vaidade". Ele se lembrou de ter cometido algumas pequenas faltas de vez em quando ao longo do caminho, e havia aquele pequeno caso com uma jovem antes de ela se mudar da cidade, mas Leviano era geralmente querido por seus colegas e estava levando uma vida confortável.

Divino também se casou e tinha um emprego digno. O caminho que escolheu tornou-se mais estreito em alguns momentos. Em vários pontos, ele passou por placas que indicavam "Longanimidade", "Resistência paciente", "Justiça" e

"Fortaleza". Certa vez, passou por uma placa que dizia: "Caminho da Cruz". Ele nunca se esqueceu do homem de roupas surradas.

Muitos anos se passaram, e os filhos de Leviano cresceram e saíram de casa. Ele ainda era casado com sua esposa, mas eles eram infelizes. Ao longo do caminho, Leviano passou por placas que diziam: "Ganância", "Ira" e "Gula". Lembrou-se de tempos em que se irritou desnecessariamente com a esposa e os filhos. Ele tinha comido e bebido demais, e isso era perceptível. A certa altura, Leviano estava desviando dinheiro de seu empregador — pequenas quantias que ninguém notaria com facilidade. Então, ele começou a sentir que seus colegas de trabalho estavam percebendo e, por isso, candidatou-se a outro emprego e foi contratado. Enquanto continuava seguindo pelo caminho, notou que as árvores davam cada vez menos frutos até que finalmente não tinham nada além de folhas. As flores que outrora ladeavam o caminho haviam desaparecido há muito tempo, e no chão, onde antes havia grama, agora estavam folhas e outros sinais do outono. As calçadas não existiam mais, e era mais fácil se desviar do caminho. Por vezes, ele se desviava e acabava voltando decepcionado.

Os filhos de Divino também cresceram e saíram de casa para formar suas próprias famílias. Seu caminho o levou a uma área desértica onde placas exibiam as inscrições: "Abnegação", "Santa Cruz", "Purificação" e "Temperança". Às vezes, ele ficava abatido, sobretudo quando apareciam as placas de "Tribulação" e "Provação", mas havia outros momentos em que era encorajado por placas que diziam: "Recompensa", "Realização" e "Satisfação". Divino nunca se arrependeu de ter escolhido esse caminho.

Em seus últimos anos, Leviano desfrutou de alguma riqueza, mas o caminho que trilhava tornou-se mais desolador e estreito. As árvores eram decíduas no inverno e, de vez em quando, ele pensava que via o que poderia ser um gafanhoto. Ocasionalmente, ele notava um escorpião no caminho, o qual cuidadosamente evitava. As poucas lesmas e caracóis que encontrava, ele esmagava. As placas pelas quais passava diziam: "Egoísmo", "Arrogância" e "Amor-próprio". Em determinado ponto de sua jornada, ele se deparou com um "Desfiladeiro", que evitou por muito pouco.

Divino se aposentou e foi envelhecendo aos poucos. Ao olhar para trás, lembrou-se de passar por tempos de "Humilhação" e "Sacrifício", "Confiança em Deus" e "Autocontrole". Ele e a esposa ainda tinham um casamento feliz e ajudavam a criar os netos. Nesse momento de sua vida, as placas no caminho diziam: "Serviço", "Benevolência", "Luzes" e "Conselhos". Nunca olhou para trás com arrependimento.

Quando Leviano estava se aproximando do fim de sua vida terrena, ele se deparou com um homem parado ao lado de um portão. Havia outro homem parado ao longo do caminho, cerca de seis metros antes do portão, e uma placa ao seu lado dizia: "Manipulação e engano". Os dois homens trajavam vestes sujas. Ao lado do portão, havia uma placa que dizia: "A Terra da

Desolação". O homem no portão sorriu levemente e lançou um olhar penetrante a Leviano. Seu nome era Apoliom. Apesar desses presságios, uma sensação de calma tomou conta de Leviano, do tipo que se sente quando uma tempestade está no horizonte. Ele sabia que sua hora havia chegado.

O homem chamado Apoliom não abriu o portão. Esse não era o trabalho dele. Ele e Leviano esperaram por um momento enquanto o outro homem olhava. O portão se abriu sozinho e Leviano caminhou em direção a ele. Ao passar pelo homem chamado Apoliom, notou um odor suave que lhe lembrava um réptil ou um saco de larvas-da-farinha. Apoliom sorriu.

Divino também se aproximava do fim de sua vida e passou por placas que diziam: "Caridade" e "Virtude". Ele se deparou com um homem diante de uma placa que indicava: "Guardião e guia". Divino foi consolado. Mais adiante, viu outra placa que dizia: "A Terra dos Viventes".

Divino sabia que sua jornada de vida estava chegando ao fim e, enquanto passava por sua última enfermidade, viu placas que indicavam: "Tolerância" e "Paciência". A última placa de que ele se lembrava de ter visto antes de adormecer tinha a inscrição: "Caridade perfeita".

Ao passar pelo portão, Leviano perdeu a consciência. Quando acordou, ficou cego pela escuridão, como se nunca na vida tivesse possuído o sentido da visão. Era mais escuro do que qualquer céu noturno, a completa ausência de luz ou qualquer outra coisa. Atrás dele, ouviu uma voz grave, rouca, clara e ameaçadora... "Ha, ha, ha, ha, ha..." À sua frente, sentiu que algo o observava, mas não sabia ao certo o que era. De repente, o chão pareceu desaparecer sob seus pés e ele sentiu que começava a cair como que em um abismo. A última coisa de que se lembrava era de gritar: "EU QUERO VIVER! QUERO VIVER!!"

Quando Divino despertou, estava em um jardim cheio das flores mais bonitas que já havia visto. Diante de sua mente, passaram todas as cenas de sua vida. À sua frente, do outro lado do jardim, estava um Ser de Luz de quem emanava calor e benevolência. Divino sentiu-se acolhido como se estivesse destinado a estar ali naquele exato momento, como se o Ser de Luz o estivesse esperando há muito tempo. Divino percebeu que este era o seu momento de acerto de contas...

Nenhum dos dois falou de forma audível, mas Divino percebeu que o Ser de Luz estava lhe fazendo uma pergunta. Não era uma pergunta que se podia ouvir, mas era mais como uma impressão que preenchia todo o ser de Divino. Era a única coisa em que ele podia pensar no momento:

"O que você fez com o Amor que eu te dei?"

Enquanto revia as cenas de sua vida em sua mente, Divino pensou por um momento. Com alguma tristeza e hesitação, ele estava prestes a falar, mas antes que pudesse, uma voz do fundo de seu peito, clara e distinta como se fosse do seu âmago, disse:

"Fiz o melhor que pude."

Mapa espiritual

18

O princípio Tanto-Quanto

Um princípio útil na teologia e na vida espiritual é aquele que eu chamo de princípio Tanto-Quanto, também conhecido como o princípio "Mas-Também". Ele permite que se tenha em mente dois aspectos aparentemente inconciliáveis (e até mesmo contraditórios) de uma realidade física ou metafísica. A chave para o seu uso bem-sucedido é a aplicação de equilíbrio e boa vontade em relação à interpretação.

O princípio Tanto-Quanto é pertinente, mas não limitado, à doutrina cristã a seguir:

a) A Santíssima Trindade é três Pessoas divinas e um só Deus.
b) Deus é *tanto* três *quanto* um.
c) Deus é três, *mas também* é um.

...

a) Jesus Cristo é uma Pessoa divina com duas naturezas, divina e humana.

b) A Pessoa divina de Jesus Cristo possui *tanto* uma natureza divina *quanto* uma natureza humana.

c) A Pessoa de Cristo tem uma natureza divina, *mas também* tem uma natureza humana.

...

a) A Igreja cristã é deste mundo e do próximo.

b) A Igreja é *tanto* temporal e terrena *quanto* espiritual, celestial e eterna.

c) A Igreja é temporal e terrena, *mas também* é espiritual, celestial e eterna.

...

a) A Igreja é humana e divina.

b) A Igreja tem *tanto* um elemento humano *quanto* um elemento divino.

c) A Igreja é humana, *mas também* é divina.

...

a) Há mundanismo e divisão dentro da Igreja, mas também há santidade e unidade.

b) A Igreja é *tanto* mundana e dividida *quanto*, ao mesmo tempo, santa e una.

c) A Igreja é mundana e dividida, *mas também* há santidade e unidade dentro dela.

...

a) A Escritura é a Palavra de Deus em palavras humanas.

b) A Escritura é *tanto* a Palavra inspirada de Deus *quanto* uma coleção de documentos históricos.

c) A Escritura é inspirada, *mas também* é uma composição de escritos humanos que levaram séculos para serem compilados e envolveram muito esforço e criatividade humanos.

...

a) A pessoa humana é corpo e alma.

b) A pessoa humana é composta *tanto* de um princípio espiritual que chamamos de alma *quanto* de uma substância corporal que chamamos de corpo.

c) A pessoa humana tem um corpo, *mas também* tem uma alma.

...

a) A pessoa humana é mortal e eterna.

b) A pessoa humana é *tanto* mortal em relação a esta vida *quanto* eterna em relação à próxima.

c) Os seres humanos são mortais, *mas também* são eternos.

...

Uma das maneiras pelas quais a heresia surgiu na Igreja é que ela enfatiza, em certa medida, a verdade de um aspecto de uma realidade física e metafísica, e atenua a verdade do outro aspecto.

Certamente, existem graus de importância entre os dois lados do princípio Tanto-Quanto (por exemplo, a divindade é mais importante do que a humanidade), mas ambos os lados permanecem verdadeiros.

Uma imagem útil a se empregar aqui é uma gangorra. Uma das coisas mais importantes na vida é o equilíbrio, e ainda mais importante é a boa vontade. Tentamos manter a gangorra em equilíbrio, mesmo que haja graus de importância, e usamos a boa vontade para interpretar não de acordo com nossa própria vontade e preferências, mas de acordo com a doutrina cristã aceita.

19

Movimentos e decisões binárias

A decisão binária que todos os computadores tomam em seu núcleo, como já foi dito, é a escolha entre 1 e 0. Todos os cálculos feitos pelos computadores fluem dessa decisão fundamental.

Os seres humanos também têm um núcleo, que chamamos de *coração*. Ele é o centro do nosso ser, o nível mais profundo da nossa humanidade. Contudo, pessoas não são computadores, e apesar do vasto poder de computação das máquinas modernas de hoje, com seu potencial quase infinito, os computadores nunca possuirão coração e espírito humanos. Somos mais do que uma escolha binária, e a graça não é dada aos computadores. Computadores são mais complexos do que os humanos em certos aspectos, mas não em todos. Os computadores têm sua própria forma de complexidade, assim como os seres humanos têm as faculdades da vontade e do intelecto, tornando-nos complexos como os computadores nunca serão, apesar do debate contínuo a respeito de se eles algum dia ganharão consciência.

Assim como todas as analogias e metáforas falham, a simplificação da pessoa humana a um mecanismo binário, bem como a redução de seus movimentos espirituais e decisões racionais a um sistema binário, acabarão por falhar. Entretanto, mesmo que o Salmo 1 seja uma simplificação — há dois caminhos entre os quais uma pessoa pode escolher, o caminho dos justos ou o caminho dos ímpios, e há dois destinos finais e eternos, céu e inferno —, essa simplificação é, no entanto, verdadeira e útil. Da mesma forma, o coração, a mente e a vontade dos seres humanos são importantes objetos de estudo na vida espiritual, por mais irredutíveis que sejam, e é útil analisar seus aspectos binários, mesmo que esse relato seja uma simplificação. Einstein, que compreendia os meandros da matemática como ninguém, dizia que se não podemos explicar algo em termos simples, então não o compreendemos verdadeiramente.

Primeiro movimento espiritual do coração humano

O primeiro movimento do coração humano é sempre o amor, que é uma palavra ambígua e variável em nosso idioma. Um *movimento* espiritual não é o mesmo que uma *decisão* consciente e racional, tomada através do raciocínio discursivo e intuitivo. O primeiro movimento do amor é um movimento ou impulso espiritual que emana do mais profundo do nosso ser e não está inteiramente sob nosso controle consciente ou sujeito a um processo imediato de tomada de decisão. Podemos responder a ele, no entanto, depois que o movimento ou impulso ocorreu, por meio de atos internos ou externos, e com o tempo ele pode se fortalecer ou diminuir. A graça também pode influenciá-lo, mas sempre com o propósito de nos aproximar de Deus e nos ajudar a alcançar a salvação. *Formação* é o termo que usamos para o processo contínuo que ocorre ao longo do tempo, pelo qual nossos atos, internos e externos, interagem com a graça divina se ela estiver, de fato, sendo transmitida.

O amor espiritual sempre vai além de si mesmo, em direção a um objeto exterior a si. Ele tem preferência e seleciona um objeto que chamamos de bem, seja esse bem real (verdadeiro, efetivo) ou percebido (falso, imaginário). Nosso coração ama espiritualmente o que identifica como bom e odeia o que identifica como mau, ruim, inferior ou defeituoso de alguma maneira.

Um problema surge, no entanto, pois as palavras *amor*, *ódio*, *bem* e *mal* são relativas e de significado incerto. Algumas traduções da Bíblia usam a palavra *ódio* quando outra palavra ou frase seria mais adequada. Porém, os editores desejam que suas traduções pareçam elegantes e evitam palavras ou frases que soem desajeitadas, antinaturais ou que não estejam de acordo com o uso comum de alguma outra forma. Como elegância não é minha prioridade, me dou aqui ao luxo de usar outras palavras para evitar as conotações negativas que surgem com a palavra *ódio*.

Primeiro movimento binário do coração humano

Amor	Ódio
Afeição	Desafeto
Atração	Repulsão
Inclinação	Aversão
Preferência	Desfavor
Predileção	Desamor

É importante notar que o primeiro movimento do coração humano é inconstante, variável, mutável, até mesmo caprichoso, e às vezes nos surpreende. Muitas vezes não refletimos sobre o impulso imediato no momento em que ele acontece, mas ele está disponível para introspecção. Ainda assim, geralmente apenas reagimos a ele e seguimos em frente.

Nosso coração tem uma mente própria, por assim dizer, e não podemos mudá-lo da noite para o dia, por um mero ato da vontade ou através do raciocínio. Alguns impulsos e desejos são particularmente difíceis de superar, como quando amamos alguém que não retribui nosso amor ou desejamos algo que não podemos ter. Se o impulso for forte o suficiente, podemos ficar desiludidos, tristes, sentir inveja e, às vezes, reagir de uma maneira não amorosa e até odiosa.

Segundo movimento espiritual do coração humano

O segundo movimento do coração humano é o movimento entre interesse e desinteresse. Quando olhamos para dentro de nós, descobrimos que estamos interessados neste item e desinteressados naquele outro. Não estou afirmando que esse segundo movimento decorre cronologicamente do primeiro ou que a vontade e o intelecto não tenham função em nossos interesses ou desinteresses. Sugiro apenas que o segundo movimento ocorre junto ao primeiro ou depois dele, e que vem do âmago do nosso ser.

O impulso natural de interesse e desinteresse tem um caráter espontâneo. Nem sempre podemos determinar quem ou o que nos interessa ou desinteressa. Constatamos que esse movimento é automático, em vez de intencional. Conhecemos pessoas que nos interessam imediatamente e outras que nos despertam pouco ou nenhum interesse. Algumas pessoas descobrem na juventude que estão interessadas em um determinado campo de estudo ou profissão, mesmo que dificilmente possam explicar o motivo desse interesse.

À medida que prosseguimos na vida, percebemos que nossos interesses e desinteresses diminuem e mudam. Às vezes, perdemos o interesse por algo que antes nos fascinava, e outras vezes ganhamos interesse pelo que antes nos entediava e cansava. Constatamos que alguns interesses se aprofundam e se fortalecem com o tempo, enquanto os desinteresses se tornam aversões. Tudo isso acontece de uma forma que está, em certa medida, fora do nosso controle. O coração tem uma mente própria.

Terceiro movimento espiritual do coração humano

O terceiro movimento do coração humano, que segue junto aos dois primeiros, está entre a aceitação/aprovação e a rejeição/ desaprovação. Como os outros dois, esse movimento é tanto poderoso quanto potencialmente perigoso. O objeto final de nosso amor deve sempre ser Deus, uma vez que ele projetou nossa natureza para ser assim, e todo pecado envolve um apego doentio às criaturas. Isso deve ser aceito *a priori* e requer que amemos e aceitemos o que vem de Deus, e desaprovemos e rejeitemos o que é contrário à sua vontade.

É por isso que a oração, a vivência da vida espiritual e a introspecção são necessárias para o crescimento espiritual e a salvação. Se olharmos para dentro de nós mesmos e encontrarmos movimentos ou, Deus nos livre, disposições habituais que são contrárias ao nosso bem supremo, então devemos combatê-los através de decisões conscientes e atos do nosso livre arbítrio. Se constatarmos que nosso coração está alinhado com nosso bem supremo, podemos considerar isso como uma obra da graça e a maior das bênçãos. Caso contrário, temos trabalho a fazer.

Tudo isso é para dizer que não somos predefinidos pelo que procede do coração. A vontade e o intelecto sempre têm seu papel a desempenhar para a maioria de nós, e permanecemos livres, mesmo que sejamos uma espécie de mistério para nós mesmos. Atos formam hábitos, e hábitos formam disposições. Temos participação na formação do nosso eu mais profundo e não somos determinados pelos movimentos que surgem de nossos corações, mesmo que não possamos escapar deles. O que fazemos em resposta a esses movimentos, contudo, é reagir a eles de forma afirmativa ou negativa.

Decisão binária da vontade auxiliada pelo intelecto

A vontade opera em bases mais conscientes e racionais do que o amor espiritual que surge do coração, mas ela também tem uma característica binária. A vontade sempre escolhe o bem e rejeita o mal. Mesmo que o processo de tomada de decisão seja mais consciente e deliberado do que os movimentos espirituais do coração, nosso poder de escolher o bem não é absoluto nem inteiramente deficiente, com a possível exceção dos insanos. A liberdade é definida como o poder de escolher o bem, mas somos livres apenas em maior ou menor grau. Quanto mais virtuosos formos, mais livres seremos para escolher o verdadeiro bem. Quanto mais habituados estivermos ao vício, menos poder teremos para escolher o verdadeiro bem.

A má vontade é a demonstração do poder de escolher o falso bem, mas não deixa de ser um poder. Os seres humanos têm uma necessidade inata de exercer o poder de alguma forma, e aqueles que exercem a má vontade estão satisfazendo essa necessidade de uma maneira que é prejudicial a si mesmos e aos outros. Há muito mal sendo realizado neste mundo por causa da má vontade, e não há como negar o seu poder. A boa vontade, por outro lado, costuma ser associada à fraqueza, porque aqueles que a praticam limitam ou negam a si mesmos a opção de ferir os outros e, no entanto, permanecem sujeitos à má vontade. Porém, essa realidade se limita a este mundo temporal, e há sempre um futuro, e o futuro é eterno, e há um Deus que recompensa e pune.

Decisão binária da vontade

Amor	Ódio
Boa vontade	Má vontade
Beneficência	Maleficência
Altruísmo	Individualismo
Caridade	Egoísmo
Virtude	Vício

O princípio fundamental de toda a história é o conflito entre o bem e o mal, e a decisão mais importante e perene que tomamos ao longo de nossas vidas é a escolha entre o bem e o mal, entre a boa vontade e a má vontade. Todas as interações humanas, a sociedade e a história são influenciadas e moldadas por essa decisão binária de modo semelhante aos cálculos dos computadores que resultam da escolha entre 1 e 0. Uma vida inteira de boa vontade acaba levando a uma fartura de 1s, que chamamos de mérito. Uma vida inteira de má vontade acabará em uma falência de 0s. Por fim, quando chegarmos ao nosso julgamento individual, ao final de nossa vida mortal, veremos o capital que acumulamos com nossa boa vontade e a dívida que contraímos com nossa má vontade.

Os relacionamentos são a maior prioridade na vida. Aqueles que promovem o afeto mútuo, o interesse, a aceitação e a boa vontade sobrevivem e crescem em amizades significativas e solidárias e em convivências generosas. Aqueles em que a desafeição, o desinteresse, a rejeição e a má vontade prosperam, inevitavelmente, resultarão em conflitos e inimizades. Pessoas que viveram na prisão dizem que não há amigos por lá. Existe alguma razão para acreditar que há amigos no inferno?

20

As Escrituras e a história

Devemos ter cuidado ao aprender história com a Bíblia, assim como devemos ser cautelosos com o aprendizado da ciência a partir dela. As Escrituras são uma coleção de documentos históricos, e muitos dos livros servem como fontes históricas inestimáveis para a pesquisa e o estudo profissional. Porém, a Bíblia não é um livro de história no sentido usual, assim como não é um livro de ciência nesse sentido, mesmo que descreva uma cosmologia antiga.

Nossas fontes históricas (isto é, os documentos escritos existentes) são notoriamente pouco confiáveis quando se trata de fatos. Isso é válido não apenas para documentos antigos, mas também para aqueles do período medieval e do início da idade moderna. Para serem interpretados corretamente, como qualquer outra fonte histórica, os livros da Bíblia devem ser confrontados com outros documentos contemporâneos ou quase contemporâneos, que muitas vezes apresentam um panorama diferente dos acontecimentos. Também devem ser considerados os achados arqueológicos, as descobertas antropológicas, a doutrina teológica, a especulação razoável, a conjectura dos historiadores e o senso comum.

Também é preciso ter cuidado com o grau de literalidade que aplicamos à interpretação das Escrituras, assim como somos cautelosos com a interpretação literal de outros escritos antigos. As Escrituras estão de fato em uma categoria à parte quando se trata de inspiração divina, mas elas não são completamente distintas de todos os escritos antigos em outros aspectos. A Bíblia foi escrita por autores humanos, assim como outros escritos antigos. Os antigos hebreus que escreveram o Antigo Testamento e os judeus cristãos que escreveram o Novo Testamento, como todos os povos antigos, tinham um propósito de escrita do qual devemos estar conscientes quando abordamos esses textos hoje. Tal consciência requer estudo.

Os autores antigos nem sempre estavam tentando dar um relato verídico do que realmente aconteceu, e grande parte de sua escrita não era factual. As civilizações antigas produziam obras literárias ficcionais, assim como as sociedades modernas o fazem. Mesmo que os antigos estivessem tentando fornecer um relato factual, os fatos muitas vezes se misturavam com a ficção:

- Os israelitas, os gregos, os romanos e outros povos da antiguidade criavam histórias, lendas e mitos a fim de construir uma identidade comunitária e explicar sua origem e a razão da existência de sua tribo, cidade-estado, reino, império etc. A prática de contar histórias em público também servia como uma forma de

entretenimento muito parecida com nosso teatro, TV e
rádio.

- Homero (se é que houve um Homero) escreveu a *Ilíada*
  e a *Odisseia* para oferecer um relato das origens e da
  história primitiva dos povos gregos, mas ninguém
  acredita que esses relatos sejam histórias reais, mesmo
  que possam ser baseados em eventos históricos
  verídicos. Reconhecemos essas histórias como mitos
  transmitidos oralmente de geração em geração,
  recitados em torno de fogueiras ou em teatros ao ar
  livre, até que alguém finalmente os registrou por
  escrito. Esse processo levou gerações, e a história
  certamente foi mudada e embelezada inúmeras vezes.
  Ninguém acredita que sejam fatos históricos, apenas
  literatura com um propósito.

- Os gregos tinham seu panteão de deuses para explicar
  fenômenos naturais para os quais temos explicações
  científicas. Ninguém acredita que essas histórias de fato
  tenham acontecido e, mesmo naqueles dias, havia
  muitos céticos e ateus (vide Platão, Aristóteles e outros
  filósofos gregos).

- As Escrituras também começaram como uma tradição
  oral e foram transmitidas com modificações de geração
  em geração, até que os escribas finalmente as
  registraram por escrito. Esses papiros ou pergaminhos
  foram então passados adiante e copiados (com erros,
  reduções, adições, supressões, enfeites, entre outros),
  até ficarem tão velhos que se desfizeram ou

apodreceram. Novas cópias foram feitas (com certas liberdades), de tal forma que não temos cópias originais de nenhum dos livros da Bíblia, ainda que tenhamos fontes primitivas (Escrituras Hebraicas, Manuscritos do Mar Morto, escritos do Novo Testamento). O milagre da graça é que, durante todo esse processo, Deus estava inspirando, ensinando e guiando esses escribas e comunicando as verdades que levam à salvação. A inspiração de Deus é o fermento da verdade e da Palavra de Deus nas Escrituras, de uma maneira que não encontramos em outras formas de literatura, antigas ou modernas. No entanto, esses documentos ainda são escritos humanos (lembre-se do princípio Tanto-Quanto).

- Virgílio escreveu a *Eneida* durante o reinado de César Augusto para relatar as origens de Roma. Ele inventou uma história em que atribui a origem da cidade de Roma à cidade de Tróia, mas ninguém realmente acredita que isso seja um fato histórico. Mesmo na época romana, as pessoas entendiam que se tratava de uma obra literária bem trabalhada, que servia como uma história de origem e identidade muito mais impressionante do que a história real de uma tribo latina totalmente insignificante que emergiu do terreno pantanoso ao redor do Tibre.

- O poema *Beowulf* foi escrito durante a Idade Média como um conto de heróis que forneceu ao povo da Inglaterra anglo-saxã um relato épico de um herói que lhes deu um senso de identidade e história.

Provavelmente, também se desenvolveu como uma tradição oral e, finalmente, alguém o registrou por escrito. Ninguém acredita que seja uma verdade histórica, mas serviu a um propósito importante para os anglo-saxões que, como todos os outros seres humanos, precisavam ter uma identidade enraizada no passado.

- Os escandinavos criaram a mitologia nórdica, mas ninguém acredita que ela seja histórica, apenas literatura com um propósito.

- As histórias originais do Rei Arthur e dos Cavaleiros da Távola Redonda são boas obras literárias (se a leitura da lenda arturiana te agrada) e fazem um relato quase ideal do rei e do reinado medieval, mas ninguém acredita que sejam relatos verídicos — apenas uma bela história que foi escrita para ensinar como um rei medieval e seus nobres deveriam agir dentro de uma sociedade medieval ideal, mesmo que alguns de seus membros tivessem falhas morais.

Eu hesito em incluir as Escrituras na lista acima porque elas estão realmente em uma categoria à parte — a "Palavra de Deus em palavras humanas". Mas é importante ter em mente que elas foram originalmente escritas para tribos semitas antigas, às vezes nômades, que tinham visão de mundo e forma de governança teocráticas. Esses escritos sagrados forneciam uma identidade religiosa e política comum e serviam como meio de salvação para pessoas que viviam em tempos perigosos e imprevisíveis — "de alguma forma, Deus vai me/nos resgatar". No entanto, a compreensão que temos hoje sobre a salvação levou muitos séculos para ser desenvolvida. A antiga crença em Hades foi abandonada há muito tempo, e mesmo no tempo de Jesus, os saduceus não acreditavam na ressurreição.

Se você quiser acreditar na história da criação do Gênesis de forma literal, sinta-se livre para fazê-lo, mas a ciência mostrou que os fatos se deram de outra forma. Se você quiser acreditar integralmente na história do Êxodo, sinta-se livre para fazê-lo, mas existem outras teorias sobre como aconteceu essa migração para fora do Egito. Se você quiser acreditar nos milagres e pragas de Moisés e Aarão, novamente, você é livre para isso, mas o estudo da história mostra que Deus não operou milagres tão dramáticos durante outros períodos da história, nem mesmo para os judeus ao longo de séculos de perseguição.

O Novo Testamento é considerado historicamente mais confiável do que o Antigo Testamento porque foi escrito no século I d.C. No entanto, ele precisa ser interpretado profissionalmente, usando os mesmos princípios hermenêuticos do Antigo Testamento quando se trata de história. (Para uma boa fonte de princípios hermenêuticos, consulte o *Novo Comentário Bíblico São Jerônimo*.) É importante que leigos e não eruditos confiem no trabalho de estudiosos e comentaristas bíblicos que passam suas vidas acadêmicas e religiosas estudando esses documentos antigos, e não em suas próprias visões e interpretações subjetivas. Mesmo quando se trata de espiritualidade na Bíblia, é recomendável deixar a interpretação a cargo dos especialistas.

~

Em suma, são estes os pontos importantes que devemos ter em mente:

(1) Os dois princípios fundamentais a serem sempre lembrados quando se trata das Escrituras são: (a) a interpretação é fundamental, e (b) todas as traduções são interpretações.

(2) As Escrituras não são um livro de história, nem de ciências, de psicologia, de literatura ou qualquer tipo de obra devidamente classificada em qualquer área acadêmica, exceto o estudo das Escrituras, teologia e religião.

(3) A Bíblia é uma biblioteca de livros que nos ensinam verdades espirituais que levam à salvação. Alguns de seus livros são obras de ficção (Jó, Tobias, Ester), embora a ficção possa ensinar a verdade. Há também livros de não ficção (Evangelhos, escritos do Novo Testamento), mas temos que ter cautela quanto à literalidade com que vemos esses relatos e cartas. Nem sempre a não ficção é inteiramente factual, assim como a ficção não é necessariamente falsa.

(4) Hoje, usamos as Escrituras de forma um pouco diferente daquela que os antigos usavam. Para nós, as Escrituras são uma fonte histórica de nossa herança judaico-cristã e servem como um guia para a salvação, que precisa ser adequadamente interpretado.

Os hebreus do Antigo Testamento buscavam a salvação, mas sua compreensão a respeito dela diferia daquela dos judeus cristãos do Novo Testamento, e houve um maior desenvolvimento da doutrina desde o século I d.C.

~

Nada do que foi dito anteriormente deve desiludir ninguém. Os autores das Escrituras eram, acima de tudo, seres humanos vivendo vidas humanas, e é muito pouco provável que eles tenham experimentado fenômenos sobrenaturais de uma maneira diferente de como nós os experimentamos. Crer na Bíblia como uma fonte histórica literal pode não prejudicar suas chances de salvação, mas é seguro supor que Deus lidou com pessoas de todas as épocas da mesma maneira como lida conosco. É quase certo que o Mar Vermelho não se separou conforme foi retratado no filme *Os Dez Mandamentos*. É indiscutível que Deus opera milagres às vezes, mas eles são geralmente, se não sempre, de natureza sutil. Deus pode ser encontrado no murmúrio de uma brisa ligeira (I Reis 19,12). Ele não parece ser muito dado aos espetáculos.

Pelo menos, não deste lado da eternidade.

21

Introdução à vida espiritual, Parte 5

O sofrimento é um tema problemático a ser abordado. Não importa o que se diga, é difícil fazê-lo parecer atraente ou até mesmo tolerável, se é que isso é possível. Também é difícil convencer a maioria das pessoas de que a santidade pessoal é um bem imenso que deve ser buscado, porque as pessoas geralmente são preguiçosas para as coisas espirituais e, intuitivamente, sabem que a santidade requer sacrifício e sofrimento.

O caminho para a santidade sempre envolve:

1. Sacrifício — o que abrimos mão por vontade própria.

2. Sofrimento — vem até nós, quer busquemos a santidade ou não.

3. Perda — o que nos é tirado como parte natural da vida ou por Deus para o nosso bem maior.

Princípio espiritual n.º 15: Você tem que abrir mão de algo para obter algo.

Se é esperado que aceitemos o sofrimento em prol do nosso proveito espiritual, é útil conhecer um pouco sobre a natureza dele. São Paulo fala de duas formas de sofrimento: uma que leva à retidão e outra à morte. O segundo tipo, que leva à morte, vemos nos malfeitores que se recusam a se arrepender e, assim, são impedidos de receber a graça de Deus. Esse tipo de sofrimento pode levar, nos piores casos, à desintegração da personalidade e a doenças mentais graves. (Isso não quer dizer que todas as pessoas com doenças mentais, mesmo as graves, sejam pecadoras.) Para as pessoas que não manifestam sinais de desintegração ou doença mental, São João Vianney nos lembra que mesmo as pessoas mundanas têm sua cruz para carregar, e toda cruz implica alguma forma de sofrimento. Há "cruzes" que não levam ao céu, mas ainda envolvem sofrimento. É isso que São Paulo quer dizer quando aborda o tipo de sofrimento que leva à morte. Não há redenção ou recompensa após ele.

No entanto, esses tipos de cruzes ainda podem ser benéficos e Deus permite o sofrimento terreno em prol de algum bem espiritual. Lembre-se de que o objetivo de Deus é sempre a salvação da alma, não sua morte. Ele permite o sofrimento porque pode ser um sinal para nós de que estamos fazendo algo errado na vida, e algumas pessoas só aprendem através do sofrimento, pois simplesmente não respondem a conselhos, admoestações ou exemplos. Há dependentes químicos, por exemplo, que vão às clínicas, mas não estão prontos para pedir ajuda, porque ainda não chegaram ao fundo do poço. É somente nesse ponto que algumas pessoas estão prontas para a conversão e o arrependimento e, portanto, prontas para o primeiro tipo de sofrimento que leva à retidão, à cura e à integridade.

> **Princípio espiritual n.° 16**: Inerente a cada cruz há, no mínimo, uma graça.

O sofrimento que leva à retidão é uma participação na Cruz de Cristo e é mais proveitoso para uma alma porque tem três benefícios importantes na vida espiritual:

1. Purifica, limpa e cura a alma.

2. Desprende a alma do apego doentio aos objetos criados, que têm o potencial de nos seduzir a escolhê-los em detrimento da vontade de Deus.

3. Doma a alma e a torna dócil e receptiva à graça divina.

Esses três benefícios são de enorme importância e seu valor é incalculável. Embora o sofrimento seja difícil e indesejado, Deus atribui grande recompensa a ele, e assim deve ser. Por que Deus daria seus melhores dons para coisas fáceis? A vida humana normal raramente funciona assim. As melhores coisas da vida exigem alguma forma de esforço, sacrifício e sofrimento. O mesmo vale para a vida espiritual. As melhores coisas da vida não são fáceis e gratuitas, e as melhores coisas da vida espiritual também exigem esforço e sacrifício. Nosso Senhor revelou a Santa Faustina que não recompensa por bons sentimentos e sucesso, mas por trabalho, dificuldades, paciência e boa vontade. Assim como o pecado carrega em si uma penalidade inerente que não é infligida diretamente por Deus, assim também o sofrimento traz suas recompensas intrínsecas, embora somente Deus tenha poder na vida espiritual para torná-las eficazes. "Sem mim nada podeis fazer" (João 15,5).

Encontramos na tradição cristã exemplos de santos e pessoas santas que exaltam os benefícios do sofrimento e ensinam que as pessoas desejariam o sofrimento se soubessem o verdadeiro valor dele. Santa Rosa de Lima, por exemplo, escreveu:

> Saibam todos que a graça vem após a tribulação. Saibam que sem o peso das aflições é impossível atingir a altura da graça. Saibam que os dons da graça aumentam à medida que as lutas se intensificam... Sem a cruz, não se pode encontrar caminho para chegar ao céu... Não podemos obter a graça a menos que soframos aflições... Devemos acumular tribulação sobre tribulação para alcançar uma participação profunda na natureza divina [santidade]... Ninguém se queixaria de sua cruz ou das tribulações que lhe acontecem, se soubesse em que balanças são pesadas quando são distribuídas aos homens.[4]

Francisco de Sales também ressaltou o valor do sofrimento em seu conselho de que devemos viver uma morte viva e uma vida morta. Isso não parece muito atraente, mas devemos lembrar que ele está ensinando à luz das epístolas do Novo Testamento, que afirmam que devemos nos conformar com o Cristo crucificado que

---

[4] Adaptado da *Liturgia das Horas*, Ofício das Leituras, 23 de agosto, Memória de Santa Rosa de Lima.

"aprendeu a obediência por meio dos sofrimentos que teve" (Hebreus 5,8).

Embora o sofrimento seja proveitoso na vida espiritual, os mestres espirituais cristãos aconselham que nunca devemos pedi-lo, nem mesmo para fins de santidade ou purificação. Eles nos aconselham, em vez disso, a deixar que Deus decida quando enviar provações e tribulações. Ele sempre enviará a peça que se encaixa no momento certo, se formos fiéis. É nosso trabalho estar vigilantes e fazer o nosso melhor para cumprir a vontade dele.

Princípio espiritual n.º 17: Deus envia tudo o que necessitamos.

Encontramos na literatura cristã uma maneira saudável e pragmática de ver o sofrimento, que é encorajadora e consoladora. Santo Agostinho, entre muitos, recorda-nos que o sofrimento é inevitável e que também podemos suportar as dificuldades em união com a vontade de Deus e para nosso benefício espiritual:

> A nossa peregrinação na terra não pode ser isenta de provação. Progredimos por meio da provação. Ninguém se conhece a si mesmo senão através de provações, ou recebe uma coroa a não ser depois de vitórias, ou se esforça senão contra um inimigo ou tentações.[5]

---

[5] Adaptado da *Liturgia das Horas*, Ofício das Leituras, Primeiro Domingo da Quaresma.

Como desenhar um mapa da batalha espiritual

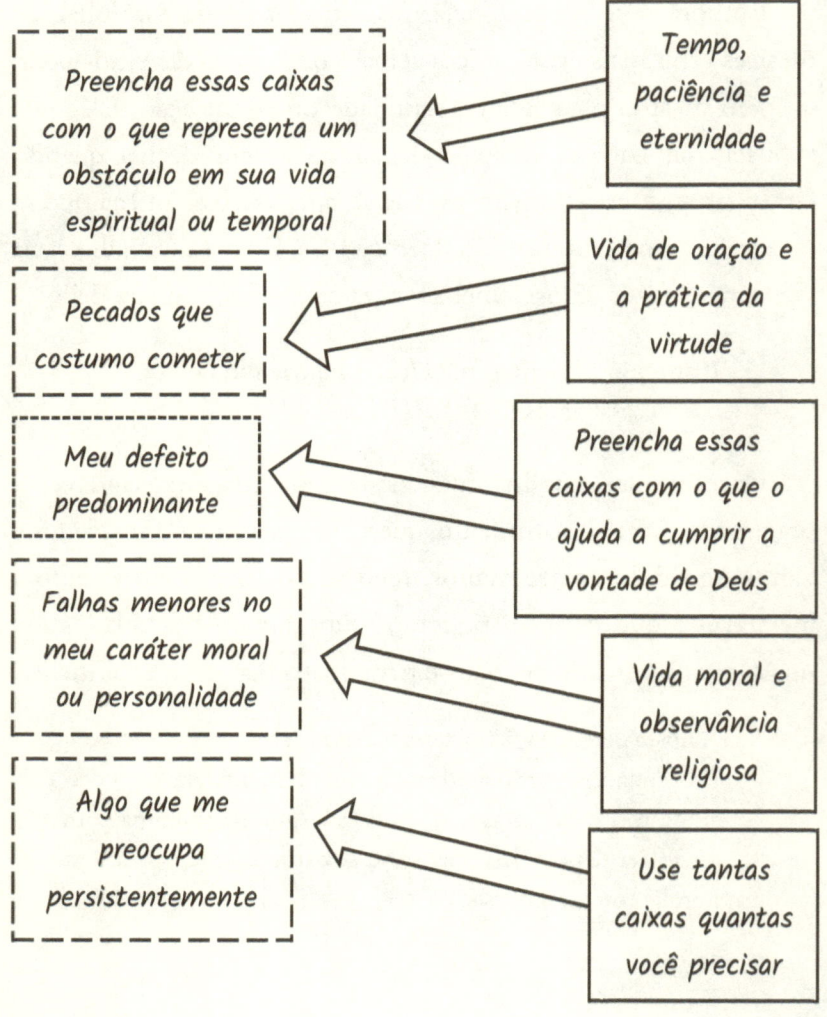

Preencha essas caixas com o que representa um obstáculo em sua vida espiritual ou temporal

Tempo, paciência e eternidade

Pecados que costumo cometer

Vida de oração e a prática da virtude

Meu defeito predominante

Preencha essas caixas com o que o ajuda a cumprir a vontade de Deus

Falhas menores no meu caráter moral ou personalidade

Vida moral e observância religiosa

Algo que me preocupa persistentemente

Use tantas caixas quantas você precisar

Mapa da batalha espiritual 20?? (Ano)

22

Ainda há muito tempo

Nas regiões do abismo em que habita o inferno
    Há espíritos eternos que se rebelam para sempre
    Contra tudo o que é Bom.

E em seu penico ele se senta
    O primeiro dissidente contra os Três
        Em seu trono de enxofre
            Sozinho
            Pois não faria de outra forma.

Certa vez ele convocou à sua presença
    Aqueles sem pés
        Que não podem fugir dele
    Para indagar sua opinião
        Sobre como poderia aumentar sua colheita diária.

"Digam-me, lacaios!", esbravejou,
   "Como podemos fazê-los tropeçar?
     Coloquem suas mentes para pensar
   Para trazê-los para cá em maior número
     Ao nosso distante navio incandescente!"

Primeiro, aproximou-se um, tremendo
   Sem liberdade
     E falou-lhe da fúria vulcânica
       Que devora a carne de touros.
   "Diga-lhes, senhor:
     'O diabo não existe.'"

"Estúpido!", vomitou em fôlego ardente
   A boca daquele que só grita
     "Testado e comprovado
       E muitos com essa mentira morreram
         E nós os fritamos!"
   "Tolo! Fora!
     Que o calor possa estimular tua imaginação
       Pela minha majestade incandescente!"

Outro menos corajoso que o primeiro
   Dirigiu-se a ele em fogo-fátuo
     Com muita sede
   E disse-lhe, a quem não ouve
     A quem ninguém é querido
     Nem se aproxima

"Príncipe dos ladrões e senhor tribal
   Eis a espada
      De orgulho os fará inchar
   Retire-os de seu Criador
      Diga-lhes que não há inferno."

"Ignorante!", disse ele
   Que no Madeiro pregou
      Aquele que é Amor
   "Não sabes quão testado e comprovado
      Os poucos escolhidos
         Nós enredamos com essa armadilha!"
   "Fora, besta, para uma jaula
      De tormento e raiva
         E em profunda agonia!"

Enfim, um terceiro
   Sem senso algum
      Aproximou-se daquele que não se dobra nem cede
   A qualquer espada ou escudo
      De fé ou de esperança.

"Seduza-os, rei do pecado
   E a este lugar eterno
      Lance-os com ódio
   Agora diga-lhes numa canção, rimando com talento:
      'Ainda há muito tempo.'"

23

Nós–Eles

Ao que parece, os seres humanos estão sempre à procura de um cenário Nós–Eles. Parece que construímos nosso senso de identidade individual e de grupo ao nos definirmos em contraposição a outra pessoa ou grupo que consideramos inferior de alguma forma. Nos sentimos melhor a nosso respeito quando não somos como aqueles dos quais nos diferenciamos, que excluímos, difamamos e, às vezes, demonizamos. Sentimos que nosso lugar no mundo é mais seguro se fizermos parte de algo muito maior do que nós mesmos e, o que quer que sejamos, não somos Eles. A rejeição decorre dessa visão de mundo.

É como se precisássemos nos sentir superiores a alguém ou a algo, como se a humildade não fizesse parte da nossa equação por natureza. Ao longo da história, nós nos agrupamos em tribos, clãs, aldeias, povoados, cidades-estados, reinos, impérios e nações. Se não estamos travando uma guerra contra Eles, então pertencemos a um time ou torcemos por um, ou somos membros de um partido político, e nos definimos em parte por não sermos do outro time ou partido. Formamos panelinhas, clubes, comunidades, grupos e círculos, tudo em um esforço para ganhar um senso de pertencimento, para satisfazer nossa necessidade humana fundamental de segurança e proteção, e para nos definirmos pelo que não somos — Eles. Há força e identidade nos números.

Na raiz de tudo isso está o princípio fundamental de toda a história: o conflito entre o bem e o mal. Também na raiz está a natureza binária de nossos movimentos espontâneos e interiores em direção ao bem ou ao mal, e nossos atos voluntários que se seguem. O problema surge quando nossa compreensão do bem e do mal é errônea, ou quando deixamos de escolher o verdadeiro bem, mesmo que saibamos qual é.

O paradigma horizontal Nós–Eles da sociedade secular corresponde ao paradigma vertical Eu–Tu da religião, no qual olhamos para Deus como o supremo Tu. No cenário Nós–Eles, vemos outros humanos como *os outros* ou, às vezes, *totalmente outros*. Muitas vezes, há um sentimento de exclusão e rejeição que acompanha o Nós–Eles, assim como há um sentimento de temor e admiração que acompanha o Eu–Tu. Deus é visto como o Ser Supremo incompreensível, o Outro Supremo e a Alteridade Total.

O paradigma Nós–Eles se aplica tanto à sociedade secular quanto à religião. No cristianismo, isso historicamente assumiu a forma de um paradigma Igreja–Mundo, onde todo mundo que não é membro da Igreja é, por definição, um membro do mundo. Esse paradigma também é entendido em termos de Sagrado–

Secular ou Santo–Profano. Há uma certa *alteridade* associada ao mundo, como se restasse pouco além da religião para nos unir. Ele é estranho, alheio e cheio de inimigos potenciais e reais. Essa *alteridade* tem suas raízes e é reforçada pelos escritos do Novo Testamento e pelos escritos dos primeiros evangelistas e teólogos cristãos, mas tinha uma realidade e um significado para eles que nós, no século XXI, não experimentamos. Uma passagem de um sermão de São Cipriano, bispo de Cartago que viveu durante o século III e é reconhecido como Padre da Igreja, exemplifica essa postura:

> O mundo odeia os cristãos, então por que dar seu amor a ele em vez de seguir a Cristo, que te ama e te redimiu? João é veemente em sua epístola quando nos diz para não amarmos o mundo, cedendo aos desejos da carne. Nunca dê seu amor ao mundo, ele avisa, ou a qualquer coisa do mundo. *Um homem não pode amar o Pai e amar o mundo ao mesmo tempo. Tudo o que o mundo oferece é a concupiscência da carne, a concupiscência dos olhos e a ambição terrena. O mundo e suas seduções passarão, mas o homem que faz a vontade de Deus viverá para sempre.*[6]

Tal visão no mundo moderno desafia a razão quando consideramos que a Igreja sempre esteve no mundo e o mundo sempre esteve na Igreja. Além disso, o mundo nem sempre foi mau, e há muito bem no mundo, enquanto a Igreja nem sempre foi boa, e também há males na Igreja. Não há como separar os

---

[6] Adaptado da *Liturgia das Horas*, Ofício das Leituras, Sexta-feira da 34ª Semana do Tempo Comum.

dois, e parece ser assim que Deus quer. Cristo foi enviado ao mundo, não para condená-lo, mas para salvá-lo (João 3,17).

Os seres humanos inevitavelmente formam paradigmas Nós–Eles e Eu–Tu, e defender a sua eliminação seria inútil. Talvez seja porque estão enraizados na natureza humana, ou talvez os paradigmas surjam devido à decadência do nosso mundo e ao conflito fundamental e antigo entre o bem e o mal. Precisamos de um mecanismo de distinção psicológico e espiritual, mesmo que esse mecanismo por si só não possa chegar ao verdadeiro bem. O intelecto e a razão são necessários para que isso ocorra.

Gostaria de sugerir aqui uma maneira mais vantajosa de empregar o mecanismo distintivo dos paradigmas Nós–Eles. Devemos resistir à tentação de permitir que credo, raça, cor, classe social, profissão, cultura ou quaisquer outras características sejam a base dos paradigmas Nós–Eles que inevitavelmente formaremos. Tenderemos naturalmente a nos aproximar daqueles que são semelhantes a nós, mas parece-me que, quando pessoas de boa vontade se encontram, todas as características distintivas se tornam secundárias e a concórdia geralmente prevalece. O inverso é verdadeiro para as pessoas de má vontade, ou acabará sendo, mesmo que estejam ligadas pelos mais estreitos laços e compartilhem similaridades sociais. Nosso paradigma Nós–Eles definitivo, como cristãos, deve ser entre pessoas de boa vontade (Nós) e pessoas de má vontade (Eles).

Quando se trata de Deus, a característica distintiva mais importante na sociedade é a Boa Vontade–Má Vontade.

Encontramos Deus onde quer que encontremos pessoas de boa vontade, e experimentamos a ausência de Deus em pessoas de má vontade. O maior de todos os males é a ausência de Deus, e o estado em que a ausência de Deus é experimentada em sua plenitude é o inferno.

Somos chamados, como cristãos, a ser fermento de boa vontade no lar e na sociedade e a promover uma cultura cristã para que Cristo possa ser encontrado mais facilmente no mundo. A boa vontade e a cultura cristã podem ser encontradas em todas as épocas, mesmo entre as pessoas que não professam ser cristãs. Isso ocorre porque Cristo está em todos os momentos trabalhando para salvar almas, não apenas durante sua vida terrena, mas por meio de seu Espírito Santo e através daqueles que, em todos os tempos e lugares, ouvem sua palavra em seus corações (Romanos 2,12–16).

Ao redefinirmos nosso paradigma básico Nós–Eles para Pessoas de Boa Vontade–Pessoas de Má Vontade, também podemos considerar a revisão do nosso paradigma Igreja–Mundo para Cultura Cristã–Cultura Não Cristã. Veremos que isso se aplica às nossas interações sociais no mundo, bem como dentro da Igreja, e que uma cultura cristã pode ser encontrada no mundo, assim como podemos encontrar uma cultura não cristã dentro da Igreja.

~

A mensagem central deste livro e de todos os livros desta série é esta: se você se sente inspirado a viver sua vida mais plenamente para Deus e a trilhar o caminho da santidade, saiba que você não precisa ser uma santa-heroína como Joana d'Arc, que foi queimada na fogueira após ser entregue a seus inimigos por seus próprios conterrâneos. Você também não precisa ser Thomas More, que foi decapitado, por causa de sua fé, pelo rei a quem servia. Também não precisa ser Jesus de Nazaré, que foi crucificado pelos líderes religiosos de sua época, depois de tê-lo entregado a um ocupante estrangeiro. Nem precisa ser Maximiliano Kolbe, que sacrificou a própria vida para que outro homem pudesse preservar a dele. Você não precisa ser um missionário ou um ministro de qualquer tipo, e talvez nem seja chamado a deixar sua própria casa e a vida que você está vivendo agora.

Mas você precisa demonstrar boa vontade. E você precisa obedecer à Regra de Ouro e viver de acordo com os dois Grandes Mandamentos do amor.

A marca distintiva de um santo é a prática da boa vontade. Todos os santos têm isso em comum, independentemente de suas circunstâncias pessoais e históricas. Eles praticavam a boa vontade, especialmente quando eram confrontados com a má vontade, e quanto mais boa vontade demonstravam e quanto mais má vontade enfrentavam, mais heroica era a sua caridade. A caridade heroica, requisito essencial de um candidato à santidade, é a prática da boa vontade diante da má vontade em um nível heroico. Quanto maior a caridade heroica, maior o santo.

A boa vontade é a caneta com a qual a história de cada santo é escrita, e a caneta que Deus usa para escrever sua vontade em nossas vidas é a caneta da graça.

Você acredita em milagres?

Você acredita na boa vontade?

Quer trilhar o caminho da santidade?

Quer se tornar um santo?

Então, quando nuvens de tempestade ameaçarem
    E se fecharem ao seu redor
E os céus estiverem prestes a desabar
    E a tempestade anunciar a desgraça iminente
        Saiba que o sol brilha para você
Não pense primeiro em pedir-lhe que o livre dela
    Em vez disso, peça-lhe que o ajude a enfrentá-la
        Pois tempestades podem ser presentes disfarçados
E você precisa confiar
    E praticar a fé do Himalaia
        Fé tão alta e larga como uma montanha

Mas mesmo que sua fé
    Seja do tamanho de um grão de mostarda
      Saiba que ela é suficiente
    Porque não é o tamanho do presente
       O que ele está buscando
    E a viúva tinha apenas algumas moedas
Peça com fé e seu pedido será ouvido
    E suas orações serão respondidas
       E sua fé o salvará
       E tudo ficará bem
E quando você olhar para trás, no seu dia final
    Na hora em que for encontrá-lo
      Vai se lembrar das tempestades
    E vai se lembrar do seu Amor
      E então saberá que sempre esteve
       Nas Mãos de Deus

24

Introdução à vida espiritual, Parte 6

Quando se trata do juízo final, não há nada mais importante na vida do que os relacionamentos, especialmente o nosso relacionamento com Deus. O estudo das relações humanas, como o estudo do amor, é ao mesmo tempo uma ciência e uma arte. Nesta seção, discutirei a diferença entre contrição e perdão, por um lado, e arrependimento e reconciliação, por outro.

Diz o Evangelho que devemos perdoar setenta vezes sete (Mateus 18,21–22). Nosso Senhor deixou muito claro que o perdão é obrigatório (Mateus 6,15), mas também nos ensinou que podemos nos afastar dos pecadores que não demonstram arrependimento, como um último recurso (Mateus 18,15–17). Como colocar esses dois preceitos aparentemente contraditórios em harmonia um com o outro?

Embora sejamos obrigados a perdoar toda vez que uma pessoa expressa contrição, não somos obrigados a nos reconciliar com ela se ela não demonstrar arrependimento. Contrição não é o mesmo que arrependimento. Contrição é um *sentimento* de pesar ou remorso. O arrependimento envolve um *esforço ativo* para deixar de fazer o mal. Algumas pessoas expressam pesar, mas depois continuam a agir de forma errada. Não somos obrigados a nos reconciliar com essas pessoas e temos toda a razão em definir limites psicológicos e sociais, desde que tenhamos tomado medidas razoáveis para corrigir o malfeitor e levá-lo ao arrependimento.

Não há nada de anticristão ou pouco caridoso em estabelecer limites. O progresso na vida espiritual depende de aprender a praticar um amor-próprio saudável, e o amor-próprio às vezes exige que se coloque limites. Mesmo que um malfeitor tenha cometido um pecado grave contra nós e não tenha mostrado sinais de arrependimento, nos é permitido estabelecer limites para garantir que isso não aconteça novamente. Assim como há feridas que o tempo não cicatrizará e feridas que a graça de Deus não curará totalmente nesta vida, também há relacionamentos que estão permanentemente danificados e não podem ser reparados apenas com o esforço humano. Algumas diferenças são irreconciliáveis e somente a intervenção e a graça de Deus podem trazer uma reconciliação autêntica.

A reconciliação é menos um evento que ocorre em um momento específico e mais um processo e projeto, como a maioria das coisas na vida. Há momentos em que é melhor deixarmos o outro para Deus e para a ação do tempo e da graça, e podemos esperar que, no devido tempo, o trigo da conversão e do arrependimento seja peneirado e separado do joio da preguiça e da autocomplacência.

A reconciliação pode não ser possível se:

- Não houver tentativa de mitigação ou reparo
- Não houver contrição ou pesar
- Não houver arrependimento ou conversão
- Houver antipatia recíproca / aversão mútua
- Houver antagonismo
- Houver desconfiança mútua
- Houver repulsa mútua

Em relacionamentos difíceis, quando tudo mais falha, podemos sempre, com a consciência tranquila, praticar o silêncio e o distanciamento. Se a virtude nada mais é do que o amor bem direcionado, como escreveu Santa Faustina, então às vezes a melhor forma de amor é o silêncio, assim como Jesus praticou o silêncio em seu julgamento diante dos membros do Sinédrio. Segundo Santo Agostinho, amar é querer o bem do outro, mas querer o bem para as pessoas de má vontade implacável não significa que temos que falar com elas ou nos associar a elas. O amor, segundo I Coríntios 13, é paciente e bondoso, não é invejoso ou orgulhoso, arrogante ou escandaloso (v. 4–5), e segundo Lucas 10, o amor é o Bom Samaritano (v. 29–37). Se um pecador estiver em extrema necessidade, devemos oferecer assistência a essa pessoa, mas não temos que oferecer recompensas sociais a ela. O amor do Novo Testamento não exige reconciliação quando se trata de pessoas que simplesmente não se arrependem.

Também é importante saber que uma pessoa animada não é necessariamente uma pessoa de boa vontade. O amor do Novo Testamento é muito mais do que afeto, do que um mero sentimento ou emoção. Nós nos revelamos através de nossas ações. Mesmo os pecadores podem demonstrar afeto quando querem manipular ou enganar os outros. O verdadeiro amor é testado na adversidade, e é na adversidade que revelamos nosso verdadeiro caráter. As pessoas que demonstram amor afetivo, mas não demonstram amor efetivo, ou o amor do Novo Testamento, devem ser tratadas com uma certa reserva e nos é permitido estabelecer limites e recusar a reconciliação com elas, caso persistam no hábito de cometer erros. Um amor-próprio saudável requer que reconheçamos os "falsos amigos" e os "presentes de grego".

Quando se trata de inimigos, a vingança cristã é o perdão; é o sucesso na vida moral e espiritual. Segundo George Herbert, a melhor vingança é uma vida bem vivida... Mas isso não significa que temos que nos reconciliar com nossos inimigos se eles se recusarem a se arrepender. Se não há outro bem que possamos fazer, podemos suportá-los pacientemente e permitir que o mal se esvaia.

Isso também passará.

Às vezes, a Regra de Ouro é suportar os pecadores pacientemente, em silêncio e distanciamento:

- Faça aos outros o que gostaria que fizessem a você
- Não faça aos outros o que você mesmo não gosta
- Trate outras pessoas como você gostaria de ser tratado
- Quando tudo mais falhar, entregue essa pessoa a Deus (a solução definitiva)

25

O Deus das segundas chances

Se você cometeu erros, ou até mesmo passou a vida inteira errando, e quer uma segunda chance com alguém ou algum grupo de pessoas, saiba que você sempre terá uma chance que ninguém no tempo ou na eternidade poderá tirar de você. Deus sempre nos dá o momento presente, e podemos sempre observar a Regra de Ouro e obedecer aos dois Grandes Mandamentos do amor a Deus e ao próximo. Está sempre ao nosso alcance comportarmo-nos da melhor forma, dando o nosso melhor, de acordo com a nossa capacidade. Podemos sempre falar a verdade com discernimento e amor, ser razoáveis, cooperar com as boas intenções dos outros, mostrar respeito, praticar a boa vontade, ser humildes e não arrogantes e, acima de tudo, confiar no Deus das Segundas Chances.

Isso pode levar uma vida inteira, mas o que é essa breve vida em comparação com as infinitas épocas e eras que nos esperam na eternidade? Nada nesta vida é definitivo, consumado, absoluto ou conclusivo até que Deus queira que seja.

A escada dos relacionamentos

A prioridade mais importante na vida são os relacionamentos

Comportamento cristão e adulto	**Amizade com Deus**	Alto padrão de interação moral e social
Companheirismo cristão Santos do Novo Testamento	**Humildade**	Virtude intelectual Virtude moral Virtude social
Conhecidos e colegas	**Caridade**	Assistência e apoio mútuos
Bons termos Relacionamento fraterno Consideração positiva	**Virtude**	Laços de afeto, confiança e respeito
Falhas intelectuais e morais	**Narcisismo**	Normal, decente, inteligente e digno
Ofensa e transgressão	**Vício**	Palavreados
Paciência Tolerância Silêncio Distanciamento	**Malícia**	Comportamento egoísta e arrogante
	Pecado	Mal exposto é mal deposto
Estranho, alheio, inimigo e estrangeiro	**Demoníaco Diabólico Inferno**	A Terra da Desolação O ponto sem retorno

É impossível reconciliar-se com o ódio implacável

26

Introdução à vida espiritual, Parte 7

São Bento aconselha seus monges na *Regra de São Bento* a manter a morte diante de seus olhos diariamente (*RB* 4). Essa consciência cotidiana da morte não se trata de um fascínio mórbido ou de um presságio sombrio a respeito dela, mas sim de uma disciplina espiritual fundada no amor-próprio saudável. Da mesma forma, a obra *Preparação para a morte*, de Santo Afonso de Ligório, não pretende fomentar uma postura pessimista, embora ele a tenha escrito no século XVIII e os leitores contemporâneos possam ter dificuldade com seu modo de se expressar.

Escatologia (do grego *eschaton*, final ou último) é uma área de estudo na espiritualidade que possui dois significados:

1. O fim dos tempos, ou a segunda vinda de Cristo.

2. As quatro coisas finais: morte, juízo, céu e inferno.

O *eschaton* é uma realidade que a maioria das pessoas gostaria de esquecer ou ignorar, mas o amor-próprio saudável exige que façamos algum esforço para nos prepararmos para o dia mais importante de nossas vidas — o dia em que passaremos deste mundo para a eternidade.

São João da Cruz ensinou que seremos avaliados pelo amor em nosso julgamento, e parte dessa avaliação consistirá em determinar o quão bem cuidamos de nossa vida espiritual. Nossas prioridades na vida terão sido o amor de Deus, a vontade de Deus e a sua glória, ou o amor-próprio, a vontade própria e a glória de nós mesmos? A abordagem "aproveite agora, pague depois" pode custar caro, e a conta logo chegará. No juízo final, a verdade sobre nossas vidas será revelada diante da própria Verdade. Não haverá discussão, nem debate, e talvez nem sequer argumentação. Nos veremos como realmente somos, não como queremos nos ver, mas da maneira como Deus nos vê — e as consequências serão profundas. Um dia de sofrimento na próxima vida nos fará esquecer todo o prazer que experimentamos na terra. Muitas pessoas passam a maior parte de suas vidas adultas se preparando para a aposentadoria, mas não mantêm a morte diariamente diante de seus olhos. O amor-próprio saudável nos obriga a nos prepararmos para a morte.

As Escrituras ensinam que o coração humano é um mistério, e os mestres espirituais apontam que nem sempre sabemos o que está no fundo do nosso coração. Não devemos supor que, no juízo final, nosso intelecto racional estará operando da mesma forma como acontece durante nossa vida mortal. A psicologia descobriu que há um observador oculto em cada um de nós, que assiste a tudo o que fazemos e se lembra de tudo. A vida espiritual ensina que temos uma consciência, e não sabemos como nossa consciência e alma funcionarão quando formos separados do corpo e aparecermos no juízo.

Na vida espiritual, referimo-nos à consciência como o núcleo mais profundo do nosso ser, o lugar onde nos encontramos com Deus. Talvez a consciência e o observador oculto sejam a mesma faculdade, mas certamente há uma parte da pessoa humana onde as memórias são armazenadas e avaliadas moralmente muito depois de as termos esquecido com nossa mente consciente. Nenhuma memória é verdadeiramente apagada ou esquecida e nunca nos afastamos verdadeiramente de nossas más ações, apesar do esquecimento humano e dos mecanismos de defesa que usamos para evitar lidar com elas: repressão, projeção, negação, evasão etc. As más ações podem distorcer nosso julgamento e desejos, e mesmo que sejamos profundamente reflexivos e meditativos, ainda podemos não saber tudo o que está dentro de nós, incluindo nossos desejos mais profundos. Estar despreparado para a morte é perigoso. Um dos princípios mais importantes da vida espiritual é:

Princípio espiritual n.º 18: Você sempre consegue o que quer quando se trata de Deus.

Estamos verdadeiramente conscientes dos desejos que estão no fundo do nosso coração? Será que realmente sabemos o que reside no âmago do nosso coração tortuoso? No entanto, outros princípios espirituais contrabalançam o mistério de nossa natureza interior:

Princípio espiritual n.º 19: Deus recompensa pelo esforço e não pelo sucesso.

Princípio espiritual n.º 20: Não há nada impossível para Deus.

Manter a morte diariamente diante de nossos olhos e reconhecer a natureza misteriosa de nosso ser interior e o fato de que cometemos erros não deve levar a uma perda de esperança. Deus não nos criou para a morte e nada é impossível para ele. Ele deseja mais o esforço do que o sucesso. Cabe a Deus levar o trem até a estação, mas nós temos que colocar os trilhos. Nosso esforço no discipulado cristão é o símbolo do nosso desejo de corresponder ao plano de Deus para nossas vidas e sermos salvos.

Um dos Padres do deserto da tradição monástica ensinou que tudo o que fazemos na vida simboliza o quanto valorizamos nosso relacionamento com Deus e o quanto queremos ser salvos.

Princípio espiritual n.º 21: Tudo nesta vida é um símbolo.

Como um modelo para a meditação pessoal e como uma maneira de manter a morte diante de nossos olhos em preparação para o juízo, ofereço nove Preocupações Sagradas para reflexão. Estas certamente importarão na hora da morte:

As nove Preocupações Sagradas da pessoa humana

Pessoa	Quem alguém verdadeiramente é diante de Deus; caráter moral, personalidade e competências.
Nome	A reputação de uma pessoa baseada em suas ações interiores e exteriores na vida.
Vida	Tudo o que é visto sobre a vida de uma pessoa por Deus e pela alma no momento do juízo.
Missão	Uma tarefa ou atribuição especial concedida a alguns, mas não a todos.
Vocação	O chamado universal à santidade; o chamado individual e particular de uma pessoa na vida.
Relação	Como alguém se relacionava e servia aos outros durante esta vida.
Devoção	Como alguém se relacionava com Deus e lhe servia durante esta vida.
Formação	Como uma pessoa foi formada e moldada ao longo de sua vida.
Integridade	Santidade, nível de purificação, perfeição moral e espiritual etc.

As nove Preocupações Sagradas servem como critérios para refletir sobre quanta glória e honra esperamos receber por toda a eternidade. Quanto mais cooperarmos com o plano de Deus e mostrarmos boa vontade, maior será nossa reputação por toda a eternidade, mais glória mereceremos e mais honra nos será concedida. De acordo com os ensinamentos dos santos e mestres espirituais cristãos, não há egoísmo nessas considerações.

No entanto, se nossa glória eterna é importante, a glória de Deus o é infinitamente mais. Toda a criação existe, antes de tudo, para manifestar a glória de Deus.

> **Princípio espiritual n.º 22**: A glória de Deus é o princípio central e unificador de toda a criação.

A glória de Deus refere-se a como ele será conhecido por toda a eternidade. Isso pode parecer egocêntrico da parte de Deus — isto é, Deus centrado em si mesmo — mas, de acordo com Santo Irineu, a glória de Deus é que os seres humanos tenham vida em sua plenitude. *Viver* ou *ter vida* nesse contexto significa não apenas ter vida temporal, mas participar da vida divina e da natureza de Deus (santidade), bem como de sua bem-aventurança por toda a eternidade (glória). Assim, a glória de Deus é, na verdade, o nosso bem temporal e eterno e ele é glorificado quando somos levados à perfeição espiritual.

Encerrarei esta parte do texto com duas citações de Juliana de Norwich que falam da insondável misericórdia de Deus:

Princípio espiritual n.º 23: Na eternidade, o pecado é nada.

Princípio espiritual n.º 24: Tudo ficará bem, todo tipo de coisa ficará bem.

27

Tesouros e pérolas

No Evangelho de Mateus, lemos dois dos versículos mais tranquilizadores de toda a Escritura:

> O Reino dos Céus é também semelhante a um tesouro escondido num campo. Um homem o encontra, mas o esconde de novo. E, cheio de alegria, vai, vende tudo o que tem para comprar aquele campo. O Reino dos Céus é ainda semelhante a um negociante que procura pérolas preciosas. Encontrando uma de grande valor, vai, vende tudo o que possui e a compra. (Mateus 13,44-46)

Nessa passagem, a pérola não estava escondida como o tesouro, mas foi encontrada pelo comerciante que procurava pérolas preciosas. No antigo mundo mediterrâneo da época de Jesus, a pérola era tida como os diamantes ou o ouro são para nós hoje. Seu valor não estava apenas em seu custo monetário, mas também era altamente valorizada por sua beleza e preciosidade. Para os antigos povos mediterrâneos, uma pérola era aquilo que hoje consideraríamos que "vale ouro". Era de um valor inestimável.

Ao contrário da pérola, o tesouro foi propositadamente escondido, enterrado como muitos tesouros no mundo antigo, para protegê-los de ladrões e exércitos itinerantes. Ao contrário do comerciante que procurava pérolas, o lavrador encontrou o tesouro por acaso. Ambos são metáforas para as formas como as pessoas encontram Deus. O lavrador simboliza aqueles que não buscam propositalmente o Reino dos Céus e vivem como se não houvesse morte, juízo, céu ou inferno. No entanto, Deus tem um plano para eles, e ele pode enviar graças que podem ou não parecer tesouros na época, mas que mais tarde são reconhecidas como dádivas de Deus. O trabalho árduo, a perda, o fracasso e até mesmo os eventos catastróficos podem, no final de nossas vidas, ser mais valiosos para o nosso bem eterno do que a riqueza, as vitórias e o sucesso. Deus também pode enviar tesouros agradáveis como amizades, um emprego ideal, uma missão ou vocação, ou algum outro bem valioso. Os tesouros são variados, e tudo o que precisamos, Deus envia.

O comerciante, por outro lado, encontrou a pérola após uma busca proativa. Ele representa aqueles que vivem com seu fim em mente e estão buscando o Reino dos Céus. Mas, quer sejamos mercadores ou lavradores (e podemos ter sido ambos, em diferentes momentos de nossas vidas), reconhecemos que Deus tem um plano para cada pessoa. O lavrador estava destinado a encontrar o tesouro do Reino dos Céus — isso não aconteceu inteiramente por acaso, mas por providência. O comerciante não encontrou a pérola apenas por sua própria atividade, mas com a ajuda de Deus. Ele estava destinado a encontrar a pérola do Reino dos Céus. Em ambos os casos, houve certa união de vontades.

O lavrador quis ter o tesouro assim que o encontrou, assim como Deus quis que ele o encontrasse e o tivesse. O comerciante quis comprar a pérola assim que a descobriu, assim como Deus quis que ele a comprasse. Cada um alcançou, à sua própria maneira, o destino que Deus lhe havia dado.

Às vezes se diz que "o amor nada mais é do que o interesse próprio esclarecido". Não havia maior interesse próprio para o lavrador do que ter encontrado aquele tesouro, e não havia maior interesse próprio para o comerciante do que ter comprado aquela pérola, mas o maior interesse próprio que podemos ter aqui neste mundo é buscar a Deus e ao Reino dos Céus. São Paulo diz: "Afeiçoai-vos às coisas lá de cima, e não às da terra" (Colossenses 3,2). Ele não quer dizer que devemos desconsiderar nossas responsabilidades temporais ou negligenciar nossos dons terrenos, mas que devemos nos direcionar para nosso tesouro e pérola supremos. "Porque onde está o teu tesouro, lá também está teu coração" (Mateus 6,21).

O Reino dos Céus merece e exige uma resposta firme, não à custa de nossos deveres de estado ou responsabilidades terrenas, mas ordenando tudo para nosso objetivo e destino finais. Isso exige abnegação e desprendimento. O lavrador e o mercador tiveram que fazer sacrifícios para obter o tesouro e a pérola, mas o sacrifício e o desprendimento não são enfatizados na parábola. O que se enfatiza é o valor do objeto conquistado e o prazer em possuí-lo.

É como está escrito: Coisas que os olhos não viram, nem os ouvidos ouviram, nem o coração humano imaginou, tais são os bens que Deus tem preparado para aqueles que o amam. (I Coríntios 2,9)

Tesouros e pérolas

Conclusão

Nas reflexões intituladas "Cristianismo em declínio" e "Cinco sugestões", discuti o declínio do número de membros nas igrejas cristãs do Ocidente e as maneiras pelas quais esse declínio poderia ser retardado, interrompido ou revertido.

No mundo católico, falamos sobre e esperamos ansiosamente por uma Nova Evangelização, um termo que nos acompanha há algum tempo. O Concílio Vaticano II (1962–1965) se concentrou, entre outros tópicos, na rápida secularização e descristianização do mundo moderno e incluiu a palavra *evangelização* em seus documentos. Dez anos depois, o Papa Paulo VI publicou a exortação apostólica "Evangelização no mundo moderno" (1975), na qual convocava os católicos a evangelizar aqueles a quem o Evangelho nunca foi pregado e os cristãos batizados que não mais praticavam a fé.

Em 1978, o Papa João Paulo II foi eleito para o papado e priorizou a evangelização como foco de seu pontificado. Em seu discurso em uma conferência episcopal no Haiti, ele pediu uma "Nova Evangelização, nova em seu ardor, métodos e expressão", e na encíclica "A missão do Redentor" (1990), escreveu: "Sinto que chegou o momento de dedicar todas as energias da Igreja a uma nova evangelização." Ele também acrescentou um terceiro grupo aos dois anteriormente mencionados pelo Papa Paulo VI: os batizados que têm fervor em sua fé.

Bento XVI acrescentou a peça final a essa breve narrativa quando escreveu que a nova evangelização não seria nova em seu conteúdo e que não haveria mudanças na doutrina estabelecida, apenas inovações e ajustes em sua apresentação.

Talvez a nova evangelização se materialize gradualmente ao longo do tempo, mas certamente ainda não entrou em cena. Para ser justo, a Igreja Católica enfatizou que não há uma fórmula única (Papa Bento XVI), então a Nova Evangelização é aparentemente algo que terá que ser trabalhado por muitos indivíduos ao longo do tempo. A versão atual do *Catecismo da Igreja Católica* foi disponibilizada na década de 1990 e, na minha humilde opinião, é a verdade dita com beleza.

Em relação às reflexões intituladas "Cristianismo em declínio" e "Cinco sugestões", deve-se notar que um declínio da frequência às igrejas não equivale exatamente a um declínio do cristianismo. Há pessoas que não frequentam a liturgia ou as celebrações da Igreja, mas oram, creem em Deus e vivem suas vidas de acordo com a fé e a moral cristãs. Elas se consideram cristãs e devem ser contadas como tal. Então, talvez devêssemos adicionar um quarto grupo aos três mencionados acima: os cristãos batizados que não vão à igreja, mas vivem de acordo com a fé e a moral cristãs. Essas pessoas também precisam de evangelização.

O problema da desconexão entre a Igreja e o mundo no que diz respeito à história e ao conhecimento, e a dissonância cultural que daí decorre, não pode ser superestimado. Como preencher essa lacuna é o principal desafio que o cristianismo enfrentará durante o século XXI e, provavelmente, depois dele. Qualquer pessoa que assuma o ministério será incumbida desse desafio, e deve-se esperar algum tipo de inovação. A série *Um herói é escolhido* é uma tentativa de inovação, e quem disse que a Nova Evangelização se limita estritamente a pregar do púlpito?

Epílogo

Na Introdução, eu disse que todo livro é uma espécie de jornada, e a jornada deste livro é uma metáfora para a jornada que fazemos pela vida. A jornada deste livro começou na capa e termina com a ilustração final na página seguinte. "Pegadas no deserto" representa o cumprimento da jornada do monge. Não sabemos como o monge se saiu, e também não temos certeza de como nossa jornada terminará. Temos apenas uma vida terrestre ao longo de toda a eternidade, e este livro foi escrito para nos inspirar a considerar como a estamos vivendo. Quando a jornada desta vida terminar, ela terá acabado para sempre.

Encerrarei com este pensamento:

A palavra mais bonita em qualquer língua é *sim*. Quando dizemos sim a Deus, damos a ele um tesouro. Se a vida é o maior dom de Deus, e damos nossa vida a ele para que faça dela o que quiser, então damos a Deus o seu maior dom para nós.

Espero que considerem isso ao virar a página, muitos de vocês pela última vez.

Pegadas no deserto

Sobre o autor

O Irmão Emmanuel Labrise, O.S.B., é graduado pela Saint Vincent College, possui um mestrado pela Bowling Green State University e outro pelo Notre Dame Seminary. Monge contemplativo com mais de vinte anos de experiência na vida monástica, passou seis anos como membro da Ordem dos Cartuxos e é monge da Ordem de São Bento desde 2009. Entre outras atribuições, lecionou em um seminário, trabalhou em um programa de formação seminarística e ministrou conferências em uma casa de retiro. Atualmente, vive uma vida eremítica, sendo suas principais atividades a oração, a leitura, a reflexão e a escrita.

Livros do Irmão Emmanuel Labrise, O.S.B.
Série *Um herói é escolhido*
Histórias heroicas dos santos

Livro Um: *Reflexões de um monge incomum: rumo a uma teologia da santidade heroica*
Serve como uma introdução à série e sua base espiritual e moral

Livro Dois: *A missão da Donzela: a história heroica de Joana d'Arc*

    Parte 1:   Contexto histórico
Europa medieval dos séculos XIV e XV; Alta Idade Média; Guerra dos Cem Anos; história da França e da Inglaterra

    Parte 2:   A missão da Donzela
A história heroica de Joana, concentrando-se em sua missão pública (evento heroico) desde o momento em que deixou Domrémy até seu interrogatório, julgamento e execução na fogueira (momento heroico)

Livro Três: *O bom servo de Deus e do rei: a história heroica de Thomas More*

    Parte 1:   Contexto histórico
Europa Renascentista dos séculos XV e XVI; período da Reforma; história da Inglaterra e da Igreja

    Parte 2:   O bom servo de Deus e do rei
A história heroica de Thomas More, concentrando-se em sua dissidência pública do rei Henrique VIII (evento heroico) até sua execução (momento heroico)

Notas e reflexões pessoais:

Notas e reflexões pessoais:

www.ingramcontent.com/pod-product-compliance
Lightning Source LLC
Chambersburg PA
CBHW021633120626
46545CB00002B/526